Nur ein paar Stündchen

Nix wie raus, ganz schnell ins Grüne. Auch mit wenig Zeit lässt sich Großartiges erleben. Kleine und große Abenteuer warten direkt vor der Haustür.

4H

Raus für einen Tag

Man muss nicht das Land verlassen, um neue Welten zu entdecken. Einfach mal einen Tag lang raus aus dem Alltagsallerlei und rein in die Natur.

12H

Ferien für ein Wochenende

Warum auf die große Auszeit warten, wenn man einen Wochenendtrip in der Nähe machen kann? Vergnügen, Abenteuer und Wohlgefühl kompakt und intensiv.

36H

LIEBE LESERIN, LIEBER LESER.

am westlichsten Punkt Dänemarks, Blåvands Huk auf der Halbinsel Jütland, teilen sich Zugvögel in die großen Schwärme nach Kanada und Sibirien auf. Und auch Reisende haben die Wahl.

Im Süden liegt das stille Wattenmeer, der größte Nationalpark des Landes. Da wandert man über den Meeresboden zu Inseln, auf denen sich Robben aalen. Die Westküste hinauf rollt die Nordsee an spektakuläre Strände, raue Hochglanzschönheiten allesamt. Sanfter gibt sich der blaue Limfjord, der sich quer durchs hyggelige Hinterland zieht.

Wie und wann der Südwesten Jütlands am schönsten ist? Überall. Und immer (wieder).

Viel Vergnügen beim Erkunden und Genießen

AUSZEIT. ABENTEUER. LEBENSFREUDE.

1. KAPITEL
ABSTECHER

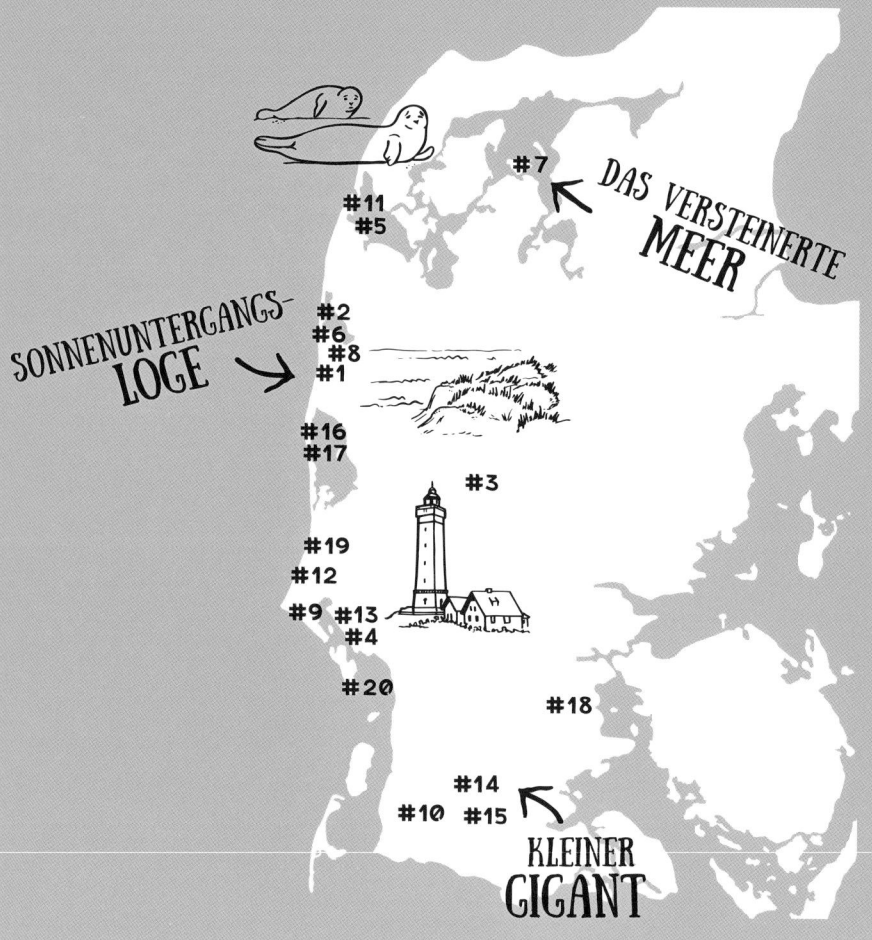

DAS VERSTEINERTE MEER

#7

#11
#5

SONNENUNTERGANGS-LOGE

#2
#6
#8
#1

#16
#17

#3

#19
#12
#9 #13
#4

#20

#18

#14
#10 #15

KLEINER GIGANT

Nur ein paar Stündchen

Dem Glück ins Netz gehen, durch Märchen-
wäldchen streifen und die Schätze der
kleinen Meerjungfrau heben – kleine Auszei-
ten verzaubern den Tag.

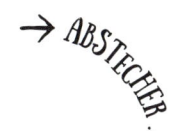

HERE COMES THE SUN

... in den Dünen von Vedersø Klit

Manche Menschen haben ein Gespür wie die Zugvögel in Afrika: Egal, wie weit die Entfernung zur dänischen Westküste auch sein mag, sie wissen instinktiv, wann es an der Zeit ist, sich auf Weg zu machen – ans Meer und auf die höchsten Dünen von Vedersø Klit.

Etwa eine Stunde bevor der Tag zu Ende geht, zieht es gewisse Menschen nach Vedersø Klit. Sie kommen zu Fuß, mit dem Rad oder Auto. Einige halten Flaschen und Gläser in der Hand, andere einen üppig bestückten Picknickkorb im Arm, die dritten lediglich Vorfreude im Gesicht. Denn so ein Sonnenuntergang an der dänischen Nordseeküste, das ist schon großes Theater.

Die beeindruckenderen Vorstellungen beginnen im Frühling. Gibt er sich rau, spürt man es vielleicht nicht sofort. Es mag sogar noch Wochen dauern. Aber irgendwann ist er da, der Tag, an dem man weiß: ab sofort spaziert man nicht mehr *vor*, sondern erst *nach* dem Abendessen zum täglichen Finale ans Meer. Die rituelle Sonnenuntergangsfeier lässt sich entlang der gesamten Jütländischen Küste er-

leben. Die Inszenierungen reichen vom Happening am hochsommerlichen Hauptstrand bis zum einsamen Spitzenerlebnis auf einer hohen Düne weitab vom nächsten Ferienhaus. Zu verschwiegenen Plätzen muss man in Dänemark selten weit laufen. Es reicht schon, sich einige Hundert Meter vom Parkplatz zu entfernen.

In Vedersø Klit geht es etwa parallel zur Strandlinie auf dem Raketvejen (Raketenweg) Richtung Norden. Einst angelegt, um Hilfstrupps im Falle eines Schiffsunglücks einen raschen Zugang zur Unfallstelle zu ermöglichen, funktioniert er heute als traumschöne Rad- und Wanderroute durch die Heide. Wo sich Stichpfade zu den imposanten Dünen ziehen, befinden sich die Strandzugänge. Bei der Bezwingung der steilsten Sandgipfel helfen Strickleitern oder Taue. Und wenn man

Frühlingseinsamkeit am Meer. Manche Menschen können sich kein besseres Entertainment vorstellen.

es hinaufgeschafft hat, wenn man da oben steht, ein wenig außer Puste und überwältigt von Schönheit und Weite, taucht vielleicht ein Frachter am Horziont auf. Fliegt vielleicht eine Möwe in den Norden, legen sich vielleicht Wolken wie ein Federbett um die Sonne, vielleicht lässt sie aber auch das Meer bis zum letzten Moment strahlen.

FAZIT: DAS BESTE KOMMT ZUM SCHLUSS. SELBST NACH EINEM TRAUMTAG.

Hin & weg: Strandparkplatz Vedersø Klit.

Beste Zeit: März–September.

Dauer: Einen Sonnenuntergang lang.

Ausrüstung: Sonnenbrille, Lieblingsgetränk.

Nordsee

Raketvejen

Vester Husby

Strandzugang

Strandzugang

Rakevejen

Klitvej

VEDERSØ KLIT

Hauptstrand und Picknickplätze

Husby Klitvej

Vester-havsvej

400 m

DIE GLÜCKS-FISCHER

⫶ ... im Hafen von Thorsminde ⫶

#2 Mit den großen Heringsschwärmen im Frühling erwacht Thorsminde zum Leben. Die Nordsee vor der Nase und im Rücken den Fjord, dient das Hafenstädtchen dann den einen als Anglerparadies und den anderen als perfekte Kulisse zum Rumtreiben.

Kaum irgendwo donnern die Wellen mit mehr Karacho an die Molen und nirgends kreischen die Möwen vergnügter als im Hafen von Thorsminde, wenn die großen Trawler ihren Fang anlanden.

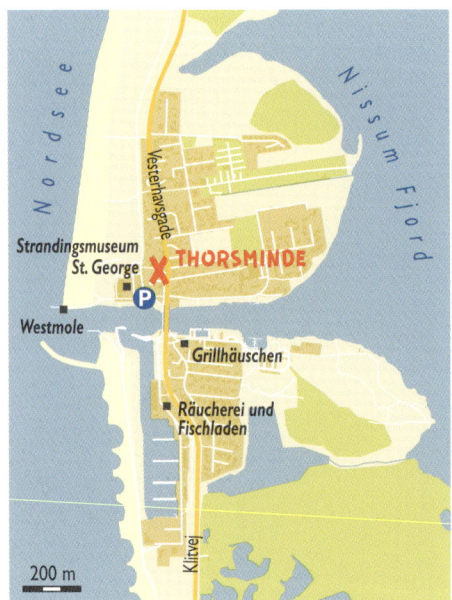

Thorsminde ist der einzige Ort auf einem 13 Kilometer langen, weitgehend unbewohnten Landstreifen zwischen malerischem Nissum Fjord und tosender Nordsee. An der schmalsten Stelle keine 200 Meter breit, bietet die Nehrung gerade mal Platz für eine Dünenkette und weite Schilfwiesen. Und so ist man schon ganz verzaubert, bevor die 300-Seelen-Gemeinde überhaupt erreicht ist. Von jedem Winkel aus sieht man in Thorsminde das Wasser funkeln.

Hin & weg: Parkplatz am Strandingsmuseum St. George.

Beste Zeit: April–Oktober.

Dauer: 2–3 Stunden.

Ausrüstung: Angel und Angelschein oder ein paar Kronen für den Fisch.

Ein pittoreskes Fischerdörfchen ist »Dorsch-münde« aber auch wieder nicht. Aus der An-sammlung funktionaler Bauten beidseitig der Schleusenbrücke sticht einzig das ultramo-dern designte Strandingsmuseum St. Geor-ge hervor. Das preisgekrönte Haus erzählt spannend von Schiffsunglücken und anderen Seefahrerdramen und ist nicht nur eine tolle Alternative für Regentage, sondern auch ein guter Ausgangspunkt für einen ausgedehnten Hafenbummel. Zuerst geht es auf die nörd-liche Mole hinaus. Sie markiert mit ihrem Pendant gegenüber die Hafeneinfahrt. Da krachen die Wellen so herrlich an die Kaimau-ern, dass die Brandungsangler kaum wissen, wohin mit ihrer Freude. Wer lieber im Wind-schatten fischt, ist im Alten Hafen jenseits der Schleuse besser aufgehoben. Zwischen rot-weißen Holzhäuschen und Bootsstegen

werden die Ruten reihenweise ausgeworfen. Wer mag, legt den Fang gleich unterhalb der Brücke aufs Feuer. Das öffentliche Grillhäus-chen ist innen wie außen super ausgestattet.

Selbstverständlich kann man sich in Thors-minde auch an gedeckte Tische setzen oder Fisch und Meeresfrüchte für das Abendes-sen einkaufen. Großartig ist das Angebot bei Nørgaards Fisk & Røgerie im Westhafen süd-lich der Schleuse. Hier duftet es höchst appe-titlich nach harter Arbeit und hoher See.

FAZIT: FISK IST EINE DER WICHTIGSTEN DÄNISCHEN VOKABELN; DAS IST NACH EINEM AUSGEDEHNTEN HAFENBUMMEL LEICHT ZU VERSTEHEN.

SCHÖN SCHAURIG

=: ... im Deep Forest Art Land :=

Es gibt kein schlechtes Wetter in Dänemark. Es gibt nur schlechte Ausflugsziele.
Wälder etwa bieten Schutz vor Nisel-
regen und manche geben sich an düste-
ren Tagen noch stimmungsvoller als bei
Sonnenschein. Allen voran dieser.

Im nördlichen Teil des Deep Forest Art Land hat die Künstlerin Lærke Lauta drei Wachen postiert.

I am the dream and you are the dreamer. Wann wurde das wohl in den Baumstamm geschnitzt? Wer mag sich in der Hütte verbergen, aus der die seltsamen Töne dringen? Und der alte bemooste Wohnwagen da ... ist das überhaupt Kunst? Oder kann das weg?

Das sind so Fragen, die einem durch den Kopf gehen, in einer Outdoor-Ausstellung im Nirgendwo, die ausdrücklich kein Museum sein will und auch keine Galerie, sondern eine Reise in den Wald. Eine, bei der die Grenzen zwischen Kunst, Natur und Publikum verschwimmen. Man kann sie als flotten Waldspaziergang erleben, als Experimentierfeld, Reflexionsraum oder Erwachsenenspielplatz.

Wer vergessen hat, wie das überhaupt noch mal geht, spielen, kann es sich bei den Fanta-

sieexperten abgucken. Kinder balancieren hier über gefallene Baumriesen ebenso vergnügt, wie sie auf Kunstwerke klettern. Bei etlichen ist das ausdrücklich erwünscht. Etwa bei der knallgelben Holzkonstruktion, mit der alles begann. *Skovsnogen*, Waldschlange, heißt die Skulptur, die in älteren Reiseführern, Apps und Karten noch den gesamten Waldpark be-

---

Hin & weg: Deep Forest Art Land, Døvlingvej, 6933 Kibæk. Ebendort befindet sich auch der nächste Bahnhof; 14 km vom Art Land entfernt. Öffentliche Verkehrsmittel fahren nicht.

Beste Zeit: Ganzjährig. Mehr Infos unter www.deepforestartland.dk

Dauer & Strecke: 2 Stunden für 3,5 km.

Ausrüstung: Freiwillige Spende (empfohlen 20 Kronen).

»Gefallener Mond« von Peter Lund (links);
René Schmidts »Gotischer Schuppen« (rechts).

zeichnet, der seit einigen Jahren den Namen Deep Forest Art Land trägt. Die ursprünglich temporär gedachte Installation wollte Menschen ansprechen, die normalerweise nicht mit Kunst und/oder Natur in Berührung kommen. Es gelang so gut, dass mittlerweile 70000 Neugierige pro Jahr den surrealen Waldspaziergang antreten. Viel Wert wird auf eine gute Mischung von etablierter und junger Kunst gelegt. Das Deep Forest Art Land arbeitet eng mit der Royal Academy of Fine Arts in Kopenhagen zusammen. Die School of Sculptures hat mitten im Wald eine eigene Werkstatt und Ausstellungsfläche. Hier arbeiten ehemalige und aktuelle, dänische und internationale Studierende zusammen. Für Kinder und Jugendliche werden Workshops und Freizeiten angeboten. Wer mehr über die Kunstwerke erfahren möchte, kann sich einer Führung anschließen. Dabei werden dann auch Erfrischungen angeboten. Wer auf eigene Faust durch den Wald stromert, findet garantiert ein Kunstwerk, in, auf oder unter dem es sich prima picknicken lässt.

Das Kunstland im Wald kostet keinen Eintritt. Wer mag, darf jedoch gern eine Spende in den Briefkasten am Eingang werfen. Dort befindet sich auch ein toll illustrierter Übersichtsplan, der mehr als 80 Kunstwerke entlang des ausgeschilderten Rundweges zeigt.

FAZIT: INSTA-WALK, KUNSTVERGNÜGEN, WALDSPAZIERGANG ODER EIN PRIMA GRUND, SICH AUCH EINMAL INS LANDES-INNERE ZU WAGEN.

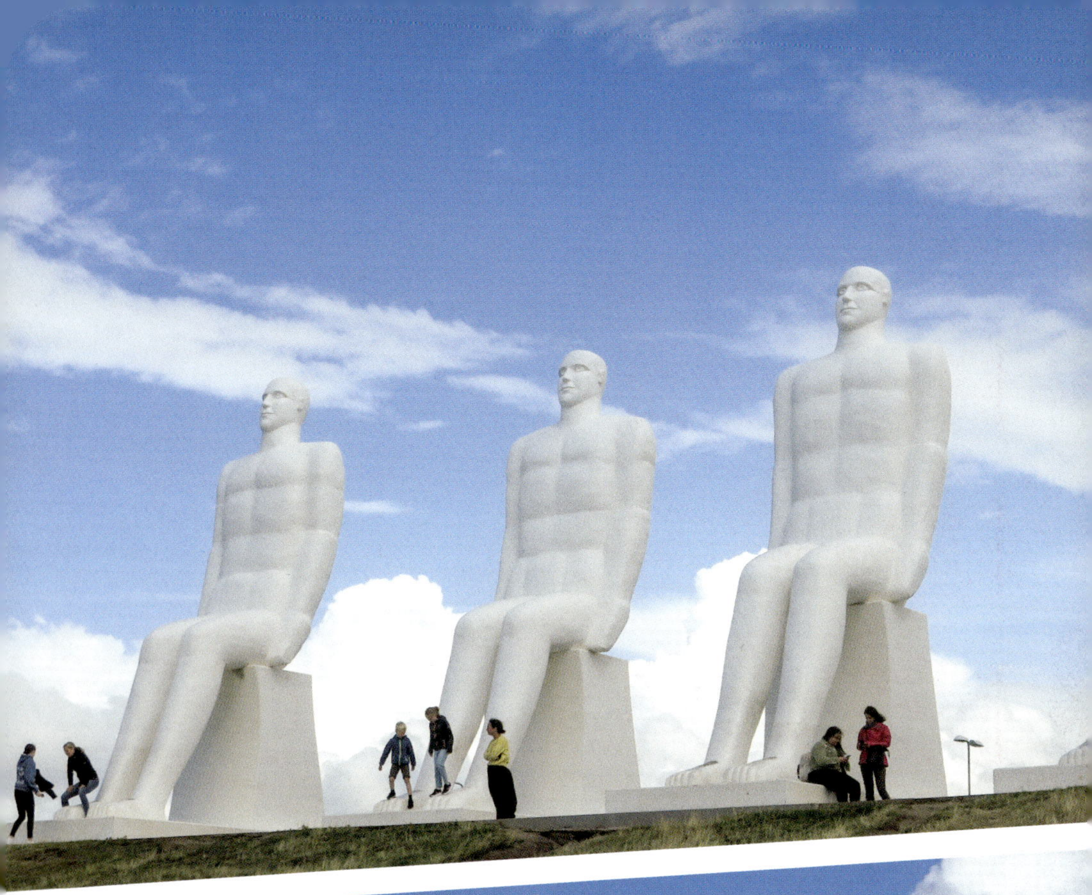

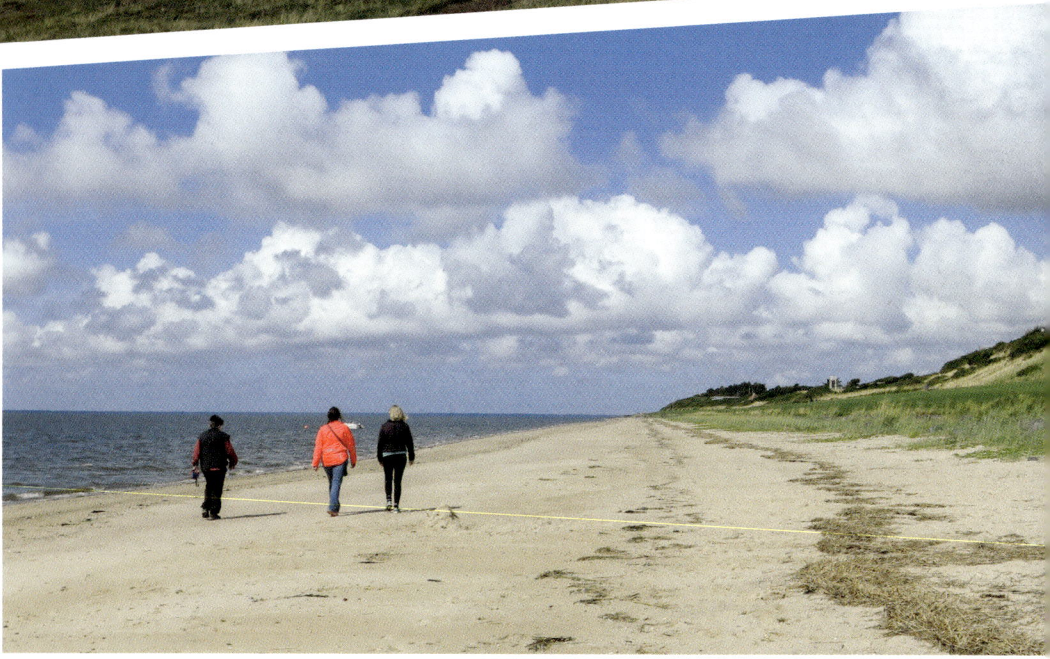

DER MENSCH UND DAS MEER

⟩ ... am Strand von Esbjerg ⟨

#4 Mit den Frühlingsstürmen kommt das Treibgut. Leider nicht nur in Form von Piratenschätzen oder Teek. Im Durchschnitt verunreinigen pro Jahr 1700 Kilo Müll jeden Westküstenkilometer; zwei Drittel davon ist Plastik. Also Ärmel hochgekrempelt und ran an den Frühjahrsputz.

Der südlichste Strand der Westküste nimmt im früheren Vorort Sædding seinen Anfang.

am Strand von Sædding, wo im Süden krasse Hafenindustrie den Blick auf das Wasser versperrt. Aber besser als über die Verunreinigung der Weltmeere und Plastikfluten zu verzweifeln ist es sich nach Norden zu wenden und anzupacken.

An vielen Stränden Dänemarks laden Müllsammelstellen, meist große Holzkisten, herzlich ein, sich am Beach-Clean-up zu beteiligen. In den Touristenhochburgen wie Blåvand, Henne Strand oder Hvide Sande finden in den Sommermonaten sogar jede Woche organisierte Gruppentouren statt. Anmelden muss man sich nicht. Einfach nur auftauchen. Der Umweltschutz kann jede Hand gebrauchen. Mehr Informationen gibt es auf www.holddan markrent.dk.

In Esbjerg beginnt das, was die Nordseeküste von Dänemark für viele Menschen zum Sehnsuchtsort macht. Der Strand. Viele Hundert Kilometer zieht er sich von Sædding nach Skagen, zeigt sich mal als Sandwüste, mal als Steilküste, mal als sanfte Gezeitenbucht und beinahe ausnahmslos von der Art, die man im Herzen spürt. Denn keine Frage, da ist etwas zwischen uns und dem Meer. Eine besondere Beziehung. Immer gewesen.

Die südlichste Holzkiste mit der Aufschrift Strandingsaffald (Strandungsabfall) steht nur einige Meter nördlich der Skulptur. Wer den Jutebeutel vergessen hat, schnappt sich ausnahmsweise eine Plastiktüte; gespendet vom nahegelegenen Fischerei- und Seefahrtsmuseum. Dort kann man übrigens viel über den Menschen und das Meer erfahren.

Eben das thematisiert auch die monumentale Skulptur »Mensch am Meer« von Svend Wiig Hansen. Die neun Meter hohen weißen Figuren symbolisieren den reinen, unverdorbenen Menschen in seiner Liebe zur Natur – bevor er aufstand und sich die »Hände schmutzig machte«. Und wirklich wird es einem auch leicht mulmig beim obligatorischen Fotostopp

Auch dass der Hafen von Esbjerg mit Hochdruck daran arbeitet, im Jahr 2030 klima—neutral zu sein. Hoffnung. Das ist ja auch so etwas, das viele Menschen am Meer verspüren.

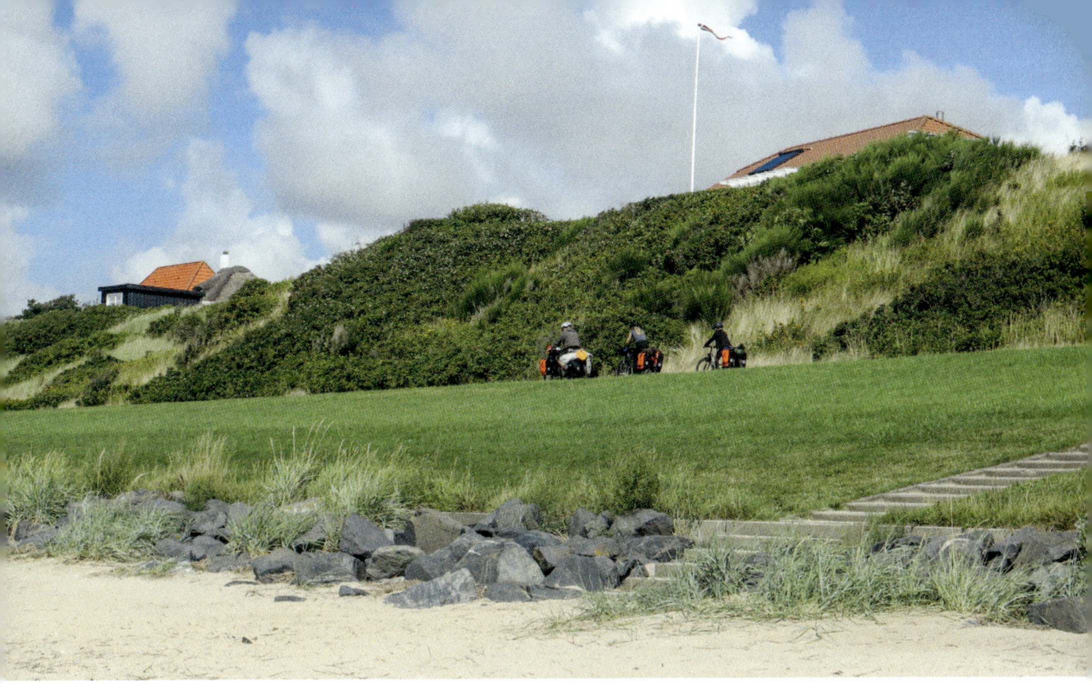

Esbjerg gilt als Offshore-Metropole von Dänemark. Onshore finden Wanderer und Radler zwölf Energiepfade mit Infotafeln. Die blaue Markierung leitet auf eine gut 5 Kilometer lange Route durch Sædding.

FAZIT: GUTES TUN GIBT GUTE GEFÜHLE. IN KOMBINATION MIT EINEM STRAND-SPAZIERGANG BRINGT ES SOGAR SPAß.

Hin & weg: Parkplatz Mennesket ved Havet.

Beste Zeit: Beach-Clean-up hat das ganze Jahr über Saison. Besonders aber nach (Frühjahrs-) Stürmen.

Dauer & Strecke: 2 Std. für 7 km , wer die volle Strandlänge schafft.

Ausrüstung: Jutebeutel für den Müll.

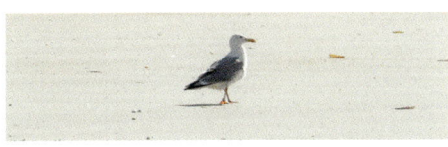

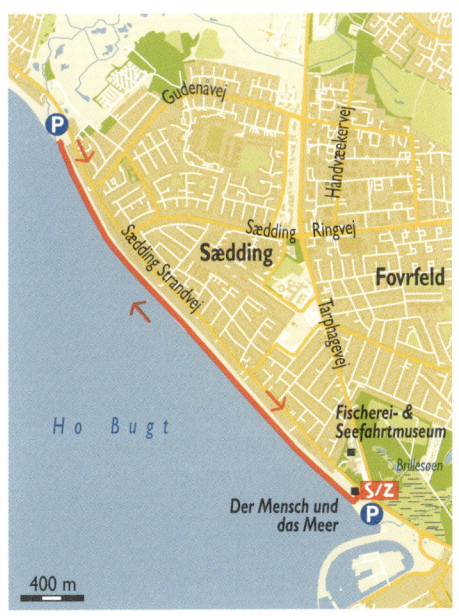

UNTER DIE RÄDER KOMMEN

>⁻ … auf Harboøre Tange ⁻<

Je nach Verkehrsmittel startet dieser kleine Abstecher an der vielleicht trostlosesten Bahnstation Jütlands beziehungsweise am ödesten aller Besucherparkplätze. Aber da muss man durch, wenn die Zukunft besser werden soll.

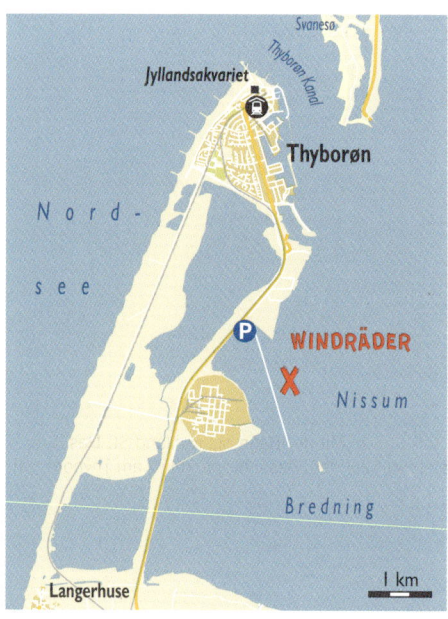

Auf der Ostseite der Landzunge (Tange) von Harboøre ragen sieben gewaltige Windräder in den Himmel. Das ist an sich nichts weiter Ungewöhnliches in Dänemark. Aber unter diesen Anlagen hindurchzugehen ist doch etwas Besonderes, nicht nur weil man sich winzig fühlt. Sondern auch weil man auf einem künstlichen Damm einen Kilometer in den Limfjord hinausspaziert. Steht nicht gerade eine Wartung der Windräder an, gelangt man vom Besucherparkplatz mit Picknicktisch und Infotafeln über eine kleine Brücke auf den seltsamen Pfad in dieser seltsamen Gegend.

Ein großer Teil von Harboøre Tange ist unter Naturschutz gestellt, besteht aus Salzwiesen, Schilfmeeren, Lagunenseen. Idyllisch. Doch dann ist da noch Cheminova. Der dunkle Fleck auf Jütlands Weste ist vom Damm aus gut zu

Dänemark versorgt sich zu mehr als der Hälfte mit Strom aus erneuerbaren Energien.

sehen. Die Chemiefabrik hat einen der größten Umweltskandale des Landes zu verantworten. Nachdem die Firma in den 1960er-Jahren quecksilbrige Abfälle in den Dünen vergraben ließ, kam es zu massivem Fisch- und Vogelsterben. Bis heute ist das Erdreich verseucht. Noch immer stinkt die Fabrik vor sich hin.

Und selbst wer die landschaftliche Veränderung durch Windkraftanlagen bedauert, muss zugeben: die sind immerhin geruchsneutral. Sie verunreinigen auch nicht den Boden und benötigen zudem nicht besonders viel Fläche. Auch wenn Windkraft ihre schwierigen Seiten hat, gehört sie doch zu den umweltfreundlichsten Energieträgern überhaupt. Das war in Dänemark schon Mitte der 1980er-Jahre *common sense*. Da beschloss das Land, der Atomkraft den Rücken zu kehren. Seitdem wurde

enorm in nachhaltige Energiegewinnung investiert. Kaum ein Ort im Inselreich, von dem aus man nicht zumindest am Horizont die hohen weißen Windräder sehen könnte. Längst findet sich an Land kein Platz mehr für neue. Die Zukunft liegt Off-Shore. Doch das ist auch nicht gerade ein unüberwindbares Problem bei 7000 Kilometer Küste.

FAZIT: KURZE AUSZEIT, LANGER NACHHALL.

Hin & weg: Mit der Bahn bis Rønland St. Das Auto steht gut auf dem Besucherparkplatz am Thyborønvej.

Beste Zeit: Ganzjährig.

Dauer & Strecke: Etwa 45 Min. und 1 km.

Ausrüstung: Windjacke und Sturmhose.

WER DIE ROHRDROMMEL HÖRT

⋛ ... auf Gunnars Bank im Helmklink Havn ⋚

Wenn in den ersten wirklich warmen Junitagen die Natur zu explodieren scheint und ein wolkenloser Himmel sich über die Westküste spannt, kann das Leben eigentlich nicht herrlicher werden. Da setzt man sich am besten auf eine kleine Bank und genießt den Augenblick.

Ein Platz mit Fjordblick ist die dänische Antwort auf Meditation.

Gunnars Bænk

Es gibt Momente, da möchte man die Welt anhalten oder wenigstens die Zeit. Und das Beste an Dänemark ist, dass es hier tatsächlich gelingt. Für eine Weile. Wenn man weiß, wo. Das wird einem jeder Jütland-Fan bestätigen.

Spielend einfach klappt es beispielsweise an den Fjorden zwischen Nymindegab und Thyborøn, bei denen es sich wahlweise um Strandseen oder Meeresarme handelt. Ob Ringkøbing Fjord, Stadil Fjord, Nissum Fjord oder Limfjord, die Gewässer ziehen sich wie

eine schimmernde Kette in den Norden. Einer ist also sicher in der Nähe. Und falls es nun der Nissum Fjord ist, folgt man bei Fjand dem Wegweiser zum Helmklink Havn.

Am Südufer des Haffs dümpeln einige Boote, wie es typisch für die kleinen Fjordhäfen ist. Einige der windschiefen Hütten und Schuppen stammen noch aus den Anfangstagen um die Jahrhundertwende. An die Neuzeit erinnern Spielplatz und Picknickmöbel. Dänen speisen nämlich überaus gern im Freien. Ein

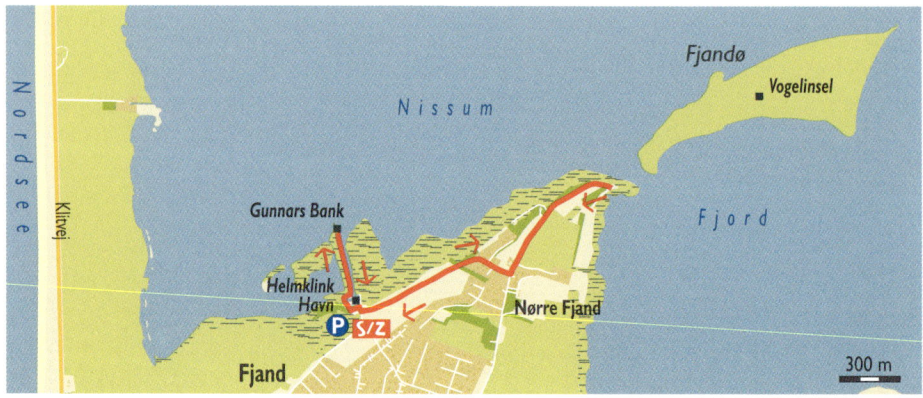

prima Platz, um das *madpakke*, Lunchpaket, auszuwickeln, ist Gunnars Bank mit Weitblick über den Nissum Fjord. Man erreicht sie über einen zauberhaften Trampelpfad entlang der Hafeneinfahrt durch dichtes Schilf.

Die etwa 70 Quadratkilometer große Wasserfläche ist mit einer Durchschnittstiefe von nur einem Meter ein optimaler Lebensraum für Gänse, Enten und Watvögel. Auch Wiesenvögel zieht es an die Ufer. Rinder, Schafe und Pferde

Madpakke vergessen? Dann ist das Café der Fjand Gårdbutik am Klitvej 49 die richtige Adresse.

halten die Wiesen schön kurz und sorgen so für beste Paarungsbedingungen. Im 19. Jahrhundert wäre es mit dem Vogelparadies beinahe aus gewesen. Damals versuchte man den Fjord zur landwirtschaftlichen Nutzung trockenzulegen. Doch zum Glück konnten die Deiche den ewigen Stürmen nicht standhalten. Wer noch etwas mehr Auslauf braucht, kann sich entweder auf eine 15 Kilometer lange Wanderung machen (siehe Eskapade #21) oder lediglich 1,5 Kilometer ostwärts durch

das Ferienhausgebiet über Helmklitvej und Nørre Fjandvej bis zu einer noch kleineren Anlegestelle schlendern. Dort steht man direkt gegenüber der Mini-Insel Fjandø, die in den Sommermonaten allein der Vogelwelt gehört. Und da gibt es nun wirklich gar nichts mehr zu tun, als Sonne und Wind im Gesicht zu spüren und dem Ruf der Rohrdrommel im Schilf zu lauschen. Merkwürdig dumpf klingt das, beinahe wie ein Nebelhorn. Dem kann man sich noch schlechter entziehen als Odysseus den Sirenen; und erliegt – dem Augenblick.

Hin & weg: Parkplatz Hagevej 205, Fjand.

Beste Zeit: Frühling–Herbst, am verlockendsten an den ersten warmen Tagen.

Dauer: 1–2 Std., mit Picknick beliebig verlängerbar.

Ausrüstung: Smørrebrød und Konsorten.

FAZIT: HAFENPAUSE AM WEGRAND, BEI SONNENSCHEIN IDEAL FÜR EIN PICKNICK. MIT GLÜCK VERKAUFT EIN FISCHER DIREKT VOM BOOT SEINEN FANG.

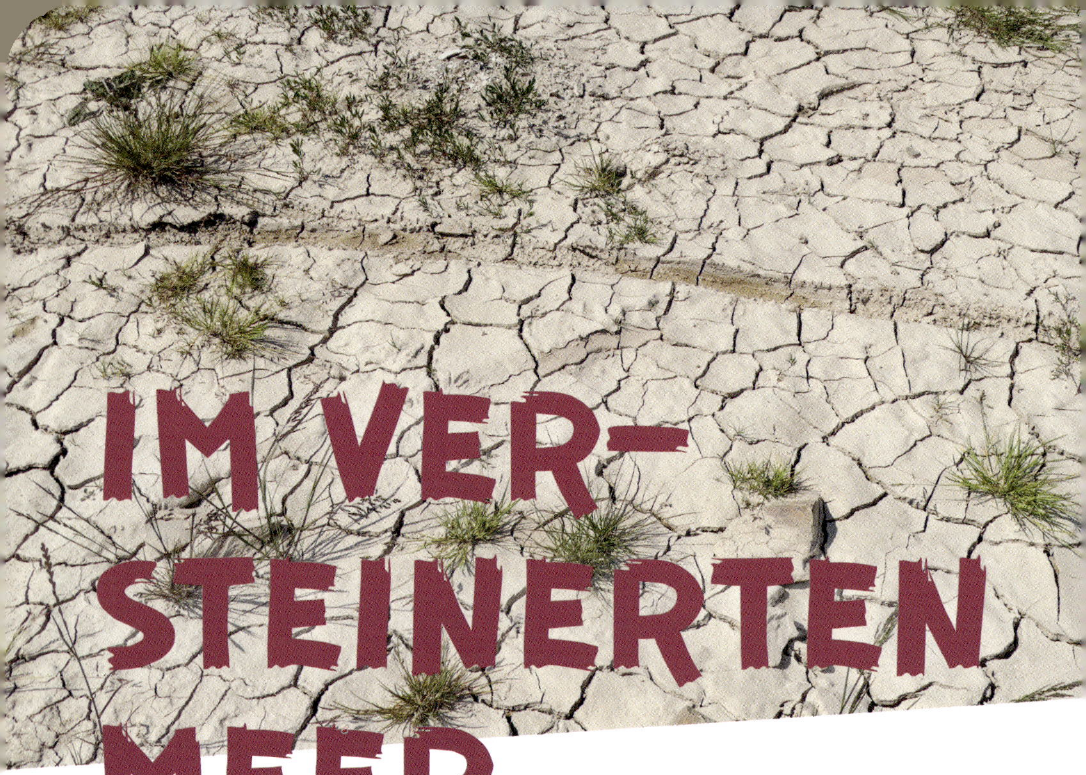

IM VER-STEINERTEN MEER

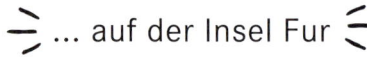

... auf der Insel Fur

#7

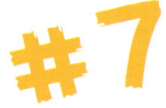

Auf Inseln ticken die Uhren langsamer. Das spürt man auf Fur schon in der ersten Minute. Und gäbe es ein Urweltministerium, würde es wohl seine Zelte in der Inselmitte aufschlagen, gleich neben dem Molermann mit Blick auf Jahrmillionen alte Meereswesen.

#FurfürFossilienFreunde #steinreich #Geopark #Ø:Insel

Die Grube empfängt mit Stille
und trockener Hitze.

Beim leisesten Windhauch kollern Kiesel mit kleinen Klickgeräuschen die Steilwand hinab. Zwischen den steinernen Regenschauern ist es sehr still im Steinbruch. Die Luft ist heiß und von uraltem Staub erfüllt. Vor 55 Millionen Jahren war das hier Meeresboden.

Die Felswände bestehen aus Plankton, also mikroskopischen Algen, und Vulkanasche, die der Wind nach rund 200 Ausbrüchen in Norwegen und Grönland über das dänische Meer trieb. Diese dunkleren Schichten wirken wie mit Tusche in den weißen Kieselgur gemalt. Feiner gezeichnet sind die versteinerten Pflanzen, Fische und Insekten, die Fur zur Fossilieninsel machen. Zu den häufigsten Funden gehört ein urzeitlicher Lachsfisch, der einst in riesigen Schwärmen auftrat. Man kann die

Vom Hügel über der Bischofsmütze blickt der Molermann auf den blauen Limfjord.

versteinerten Winzlinge in den alten und neuen Gruben entdecken, aber auch in den Steilküsten am Strand. Ebenso haben Mücken, Fliegen, Zikaden, Libellen und Schmetterlinge in dem Gestein überdauert, das nur am Limfjord vorkommt. Moler wird es genannt. Es ist noch immer der Exportschlager der Insel und dient als Zusatz für Baustoffe oder auch Katzenstreu.

Der Molermann, eine Skulptur oberhalb der Grube, blickt auf eine der beliebtesten Fur-Formationen, die *Bispehuen* (Bischofsmütze). Als hätte ein Riese sich bildhauerisch betätigt, ragt die gefaltete Steinsäule aus der lieblichen Landschaft hervor. Sie gehört genauso zum Pflichtprogramm wie der nahegelegene Aussichtspunkt Bette Jensens Hyw.

Der ehemals höchste Punkt von Fur wurde in den 1960er-Jahren abgegraben, aber noch immer kann man von hier die ganze Insel sehen, die zur schönsten von ganz Dänemark gewählt wurde. Logisch, dass ein kurzer Abstecher nicht reicht, um sie kennenzulernen. Was man mit einem ganzen Tag auf Fur anfangen kann, erzählt Eskapade #32.

Hin & weg: Buslinie 420 ab Skive nach Fur. Öffentlichen Nahverkehr kennt die Insel nicht. Also Rad mitbringen, ausleihen oder 4 km spazieren. Mit dem Auto nimmt man es die Fähre ab Branden. Abstellen kann man es auf dem Parkplatz Bette Jensens Vej 8, beim Molermann oder direkt in der Grube.

Beste Zeit: Ganzjährig, aber nicht bei Regen und Schnee.

Dauer: 1–2 Std.

Ausrüstung: Feste Schuhe und Kleidung, die schmutzig werden darf. Wer es wirklich ernst meint mit der Fossiliensuche, braucht eine Schutzbrille und ein stabiles Messer.

FAZIT: AUF EINER INSEL VOR UNSERER ZEIT … SPANNEND.

MIT KARTE UND KOMPASS

≥ ... in der Husby Kliptplantage ≤

Das ganze Dorf packte Mitte der 1850er-Jahre mit an, um Pinus mugo, die Bergkiefer, in den Dünen anzusiedeln. Sie warfen noch ein paar Eicheln auf den Boden – und fertig war der Wald, durch den heute tolle Wanderrouten führen. Die spannendsten sind nicht ausgeschildert.

Beim Spaziergehen in den Dünenpflanzungen der Westküste stößt man häufig auf etwa 50 Zentimeter hohe rote Holzpfähle mit einem grünen Metallschild. Es sind die Posten von »Find Vej i DK« (Finde Deinen Weg in Dänemark). Und damit ist eine unheimlich beliebte dänische Sportart auch schon ganz gut erklärt. Orientierungslauf heißt das Vergnügen, ein Ehrfahrungssport im allerbesten Sinn. Zum einen erfährt man dabei die Natur auf ganz neue Art und Weise. Zum anderen macht vor allem Erfahrung die Waldmeisterin oder den Waldmeister. Hier geht's zwar auch darum, schneller als die anderen zu sein, aber mindestens ebenso wichtig ist Köpfchen.

Hin & weg: Kurz nach Einbiegen in den Bundgård Vej in Husby liegt rechter Hand ein kleiner Wanderparkplatz. Dort befindet sich auch der Startpunkt.

Beste Zeit: Ganzjährig, nur nicht nach langen Regenfällen.

Dauer & Strecke: 1–2 Std. Die leichten Strecken sind zwischen 2,5 und 4 km lang.

Ausrüstung: Feste Schuhe, Karte und Kompass.

Ein Orientierungslauf im sonnendurchfluteten Küstenwald funktioniert wie eine Schnitzeljagd, braucht aber nicht unbedingt eine Meute, sondern eignet sich sogar als Solo-Eskapade.

Am besten fängt man ganz einfach an. Mit den Strecken, die sogar Neulingen zugetraut werden. Der dänische Orientierungslauf-Verband hat sie in vielen Wäldern, Parks und sogar städtischen Räumen konzipiert; so eben auch in der Husby Kliptplantage.

Das Wichtigste – die Karte – liegt in den Ferienhausvermittlungen und Touristinformationen kostenfrei aus. Mit ihrer Hilfe gilt es, eine bestimmte Anzahl von Kontrollpunkten im Gelände zu finden. Das kann ein markanter Baum sein, ein See, eine Anhöhe oder einfach nur ein großer Stein. So schnell wie möglich und so langsam wie nötig. Denn die Wegmarken stehen nicht chronolgisch gereiht, sondern vollkommen durcheinander, sind also nur mit der Karte zu finden. Im Profisport läuft man dabei wirklich querfeldein. Die Spaßvariante bleibt aus Naturschutzgründen auf We-

gen und tollen verschlungenen versteckten Pfaden, die man beim normalen Spaziergang nicht unbedingt nimmt.

Gehen mehrere Personen an den Start, erhält jede eine eigene Route. Sie sind so ausgearbeitet, dass es immer auf die gleiche Anzahl an Posten und Kilometern hinausläuft. Als Beweis, dass die einzelnen Zwischenziele auch wirklich angelaufen und gefunden wurden, trägt man die Buchstabencodes der Metallschilder auf der Kontrollkarte ein. Wer dabei – was ziemlich wahrscheinlich ist – auf den Geschmack kommt, findet unter www.find veji.dk den nächsten Parcours.

FAZIT: DAS GEGENTEIL VON WALDBADEN, ABER MINDESTENS GENAUSO INTENSIV.

BLAUES WASSER

≥ ... am Hvidbjerg Strand ≤

 # 9

Eines der schönsten Gesetze Dänemarks sichert jeder und jedem jederzeit freien Zugang zu jedem Ufer, jeder Küste und jedem Strand zu. Kurtaxe kennt man nicht. Und das ist vor allem dann prima, wenn man auf einem Rad- oder Roadtrip einen kurzen Badestopp einlegen möchte.

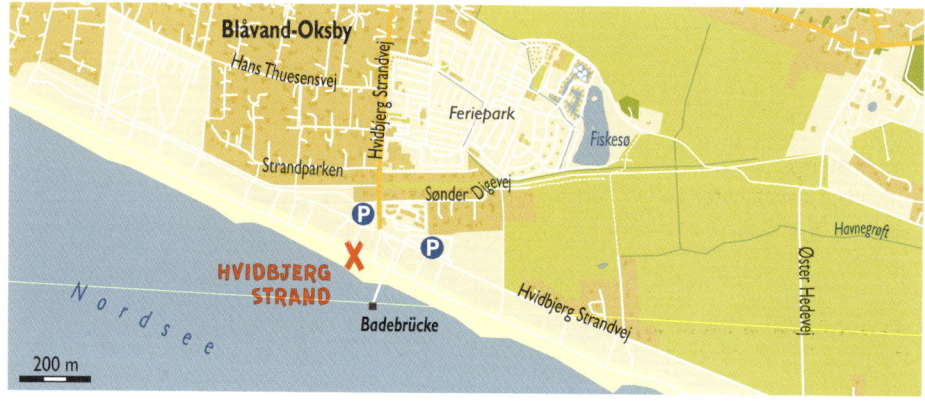

Blå vand. Blaues Wasser. Wie einer der beliebtesten Badeorte Dänemarks zu seinem Namen kam, ist an einem Hochsommertag nicht schwer zu verstehen. *Hvid bjerg*, weißer Berg, heißt der Südstrand aufgrund der malerischen Dünen. Vor ihnen glitzert die Nordsee wie im Hochglanzprospekt und die Wellen laufen gerade so lebendig auf den Sand zu, dass sie einen nicht umhauen.

Horns Rev, das Horns Riff weit draußen im Meer, schützt Hvidbjerg Strand bis zu einem

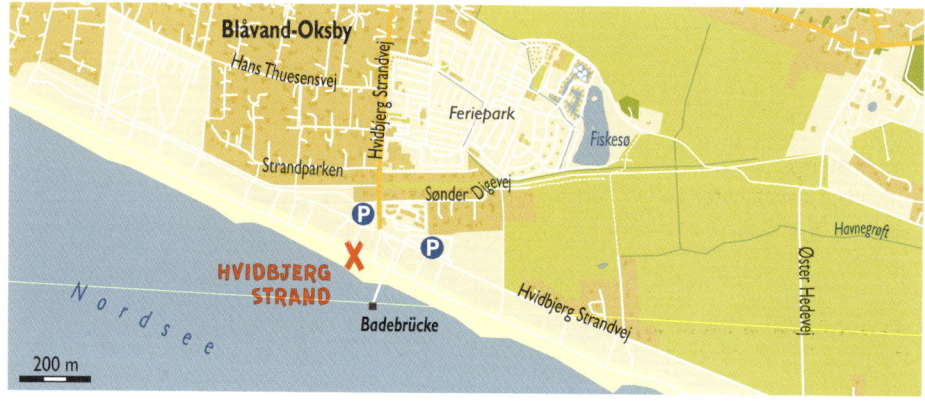

An den stilisierten Leuchttürmen erkennt man bewachte Badestrände.

gewissen Grad und ist nebenbei auch noch Standort des größten Offshore-Windparks der Welt.

Über Hvidbjerg Strand flattert die weiße Flagge mit dem Badepunkt. Sie entspricht in etwa der blauen Flagge, die in der gesamten Europäischen Union bestimmte Umweltstandards garantiert, gönnt aber zudem noch Hunden das Badevergnügen. Dank der einzigen Badebrücke der gesamten dänischen Nordseeküste kommt man hier auch mit Rollstuhl sicher ins Wasser. Apropos sicher: einen bewachten Badestrand erkennt man am rot-weiß-geringelten Turm der *Livretter*, Lebensretter. Die Baywatcher darf man gern zu den Besonderheiten des Strandes befragen. Denn auch wenn die Nordsee an sanften Hochsommertagen unschuldig tut, bleibt sie natürlich eine Urgewalt. Strömungen, Molen, Buhnen oder hohe Wellen durch etwaigen Schiffsverkehr sind nicht ganz ungefährlich.

Eben das ist auch der Grund, warum sich besonders Familien an den Badepunkten drängen, obwohl doch links und rechts die große Freiheit liegt. Falls man also nach dem Nordseebad genug von Menschen hat, kein Problem. Man muss nur weiterlaufen. Im Norden, dort wo der Leuchtturm Blåvandshuk Fyr den westlichsten Punkt Dänemarks markiert, geht es deutlich entspannter zu. Im Süden grenzt Hvidbjerg Strand an die Halbinsel Skallingen mit ihrer unendlichen Weite (siehe Eskapade #29). Und falls man nicht so weit marschieren mag, kommt man erst, wenn der Trubel vorbei ist. Dann hilft die Badebrücke den Winterschwimmern ins eiskalte Nass.

FAZIT: RICHTIG VIEL LOS, ABER EBEN AUCH RICHTIG GUT FÜR EIN BAD ZWISCHENDURCH. DIE STRANDGASTRONOMIE REICHT VOM BACKFISCH AUF DIE HAND BIS ZUM GARNELENCOCKTAIL MIT LOUNGEMUSIK.

Hin & weg: Parkplatz Hvidbjerg Strandvej, Blåvand.

Beste Zeit: Mitte Juli–Mitte September.

Dauer: 1–2 Std.

Ausrüstung: Badesachen.

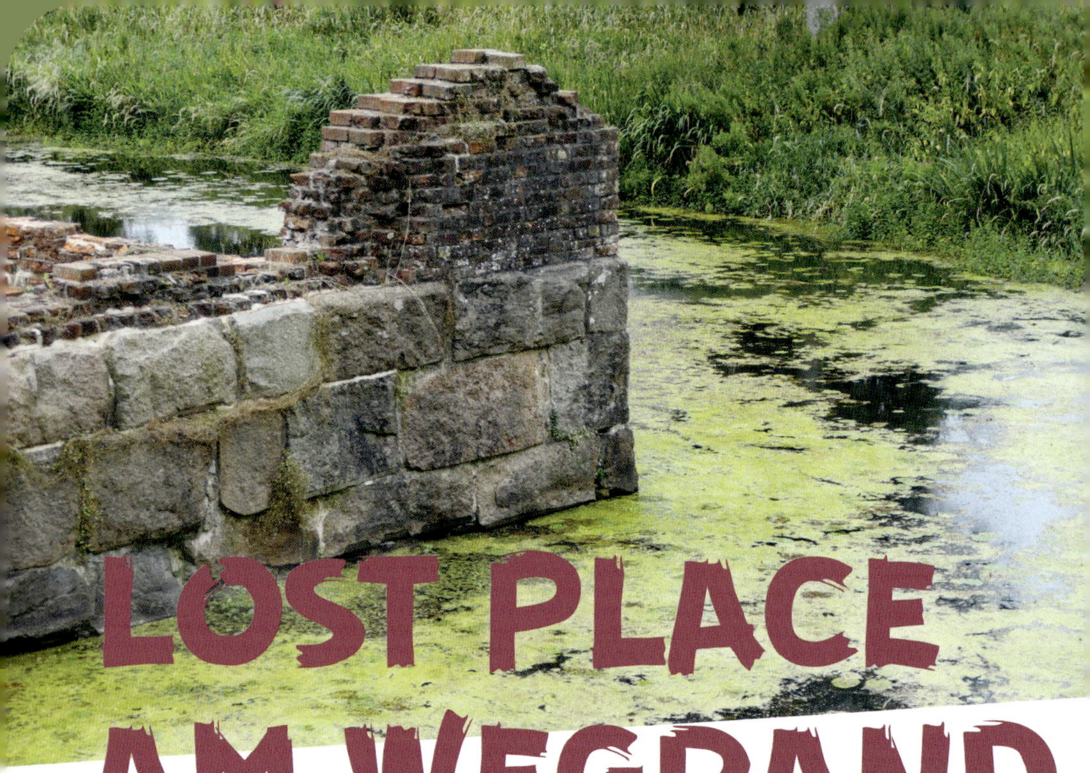

LOST PLACE AM WEGRAND

... auf der Trøjborg bei Tønder

#10

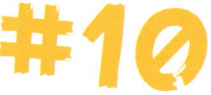

In der größten dänischen Marsch würde selbst George R. R. Martin ernsthaft in Versuchung geraten, seine Fantasy-Saga »Das Lied von Eis und Feuer« zu beenden. Denn allzu viel Ablenkung wartet hier nicht. Für Fantasiebegabte ist das der Himmel auf Erden.

#ruralExploration #Geisterschlösschen #märchenhaft #Borg:Burg

Ausblick mit Einblick ins
16. Jahrhundert.

Was macht eigentlich ein Burgfräulein so? Womit füllt es den Tag, wenn der Burgherr mal wieder seine Ländereien inspiziert und alle Hausarbeiten auf Mägde und Knechte verteilt sind? Zumal in der Marsch, die nicht gerade dafür bekannt wäre, dass ein Highlight das nächste jagte und am Hjerpstedtvej bei Visby ein Toilettenhäuschen wie verloren am Wegrand steht. Das kann nur eine touristische Attraktion bedeuten, auch wenn weit und breit keine Menschenseele zu sehen ist.

Direkt gegenüber des kleinen Parkplatzes mit Picknicktischen und -bänken verschwindet ein frisch geharkter Kiesweg im dichten Grün. Das begleitende Gewässer entpuppt sich nach und nach als äußerer Ring eines Wall-Graben-Systems. Über den inneren spannt sich hinter der nächsten Kurve ein kleiner Steg. Kaum hat man diesen überquert, steht man dann auch schon vor einer 1a Schlossruine. Eine, in der sich Gespenster so richtig wohlfühlen würden.

Als eine der ältesten Monarchien der Welt kann Dänemark mit etlichen Schlössern, Festungen und Burgen aufwarten. Doch die meisten sind super in Schuss gehalten, beherbergen Museen, Hotels oder gleich die königliche Familie; wenigstens ab und zu. Das sind zwar auch keine schlechten Ausflugsziele, aber doch etwas ganz anderes als ein vergessener Ort. Dort muss man selbst auf Entdeckungsreise gehen. Statt Audio-Guide rauscht der Wind in den Bäumen. Die monumentalen Solitäre säumen den Sandweg, der den Wassergraben begleitet.

Offenbar kann das kleine Wasserschloss auf eine lange Geschichte und etliche Umbauten zurückblicken. Zwar ist die Infotafel in dänisch gehalten. Doch was *middelalderen*, *renessancen* und *barokken* bedeuten soll, kann man

sich auch so denken. Wer sich auskennt, mag sogar Zeugnisse der unterschiedlichen Baustile in der Ruine entdecken. Dorthin gelangt man über eine kleine Brücke, unter einem Torbogen hindurch. Das Portal mit der Inschrift scheint aufgearbeitet. Ansonsten ist die Burg wohl sich selbst überlassen. Blumen ranken sich an Backsteinmauern empor. Groß ist das Fundament nicht; nur etwa 30 mal 30 Meter.

Hin & weg: Besucherparkplatz Trøjborgvej, Bredebro. Von Høyer im Westen oder Visby im Osten kommend, ist die Trøjborg ausgeschildert.

Beste Zeit: Wenn die Bäume Blätter tragen.

Dauer: Nach 15 Min. ist alles gesehen, je nach Stimmung kann man sich natürlich so lange aufhalten, wie man möchte.

Equipment: Smartphone oder Skizzenbuch.

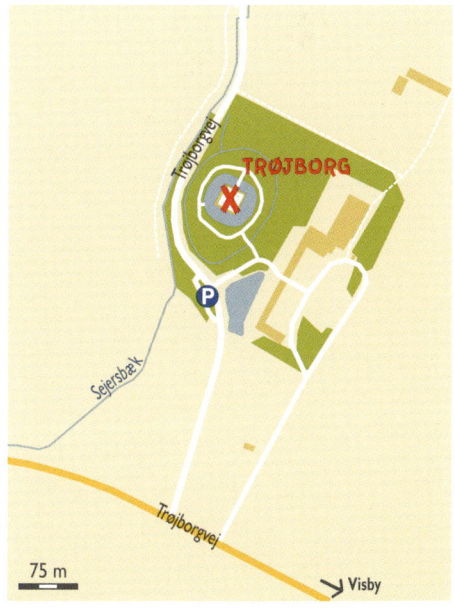

Wie bei Dornröschen versteckt sich die von einem Wassergraben umgebene Burg hinter dichtem Grün.

Für Kinder natürlich trotzdem eine riesige Sache. Für Fotografen oder Maler ein tolles Motiv. Für Romantiker und Nostalgiker ein Schätzchen. Und insgesamt ein guter Ort, um Geschichte zu fühlen. Sich reinzudenken in die alten Zeiten, in denen die Westküste Südjütlands noch sehr viel spärlicher besiedelt war als heute. Noch stiller.

Ob man das als Muße oder Langeweile empfindet, ist eine Typfrage. Darüber philosophieren lässt sich auf den Mauern der Trøjborg jedenfalls bestens.

FAZIT: KLEINE SENSATION FÜR ZWISCHEN-
DURCH. HÖCHST ROMANTISCHE KULISSE
FÜRS FAMILIENALBUM.

WASSER, WIND UND WELLHORN- SCHNECKEN

⫸ ... in Thyborøn ⫷

#11

Muscheln gehören zu den schönsten Geschenken, die die Meere uns machen. Man kann mit ihnen kunstvolle Mosaike in den Sand legen oder sie mitnehmen, um an Regentagen etwas daraus zu basteln und wenn man eine große Wellhorn- schnecke ans Ohr hält, hört man das Meer rauschen.

In einem Land, in dem kein Punkt weiter als 50 Kilometer vom Meer entfernt liegt, zählt Muscheln sammeln zu den klassischen Urlaubsfreuden. Es funktioniert zu jeder Jahreszeit, bei jedem Wetter, am wunderbarsten aber von Mai bis Oktober, wenn man barfuß durch die Wellen waten mag und die Sonne Angulus fabula, Antarctica islandica und andere Mollusken glänzen lässt wie kostbare kleine Schätze. Was Muscheln grundsätzlich auch sind.

Darum liegt es uns Menschen auch seit Urzeiten im Blut, sie zu sammeln. Muscheln sind Nahrungsmittel, Schmuck, Souvenir oder sogar Geld. Und manchmal sind sie auch eine Liebeserklärung. Wie die von Alfred Pedersen an seine Frau. Als die Familie Ende der 1940er-Jahre ihr Zuhause auf dem Land für den Bau einer großen Fabrik räumen musste, tat sich

Paula Pedersen schwer mit der neuen Heimat in der schmucklosen Hafenstadt Thyborøn. Sie vermisste ihren Blumengarten und einen neuen anzulegen schien an diesem sturmumtosten Weltenende unmöglich. Da gab Alfred ein Versprechen: ihr Haus würde eines werden, wie es kein zweites auf der Welt gab. Die Menschen würden von nah und fern kommen, um es zu sehen. Und so ist es wirklich geschehen.

25 Jahre lang sammelte Alfred Muscheln und Schnecken am Strand, um das Haus damit zu schmücken. Heute ist das Sneglehuset ein Museum und die Ausstellungsräume im Inneren sehen noch immer so aus, wie Alfred Chr. Pedersen sie schuf (www.sneglehuset.dk). Überbordend fantasievoll, lehrreich, ein wenig chaotisch und absolut inspirierend. Dort kann man Kaffee trinken und Kringel

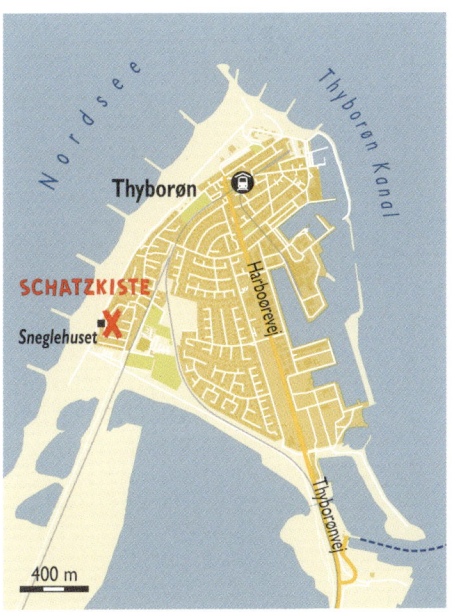

Adleraugen auf: Das Faszinierende an der Muschelsuche ist, dass es nicht selbstverständlich ist, perfekte, unbeschädigte Exemplare zu finden.

essen und vielleicht auch eine Muschel oder Schnecke zur Erinnerung kaufen. Perfekte Exemplare, wie man sie am Strand nur mit viel Glück entdeckt. Das kann man gleich hinter den Dünen testen. Eskapade #23 verrät, was es danach in Thyborøn sonst noch zu entdecken gibt.

FAZIT: EIN SCHMUCKSTÜCK VON VIELEN IM SCHATZKÄSTCHEN VON THYBORØN.

Hin & weg: Mit der Bahn bis Thyborøn St.

Beste Zeit: Mai–Oktober, ideal nach einem Sturm.

Dauer: 1 Std. für das Museum und 1 Std. für die Muscheljagd.

Ausrüstung: Schmucksäckchen für die Beute.

AUF DER WINDPISTE

... zwischen Vejers und Børsmose

Umweltbewusste Menschen finden Auto- strände oft schwierig. Sie haben aber mindestens einen Vorteil, der besonders für Fahrradfreunde nicht von der Hand zu weisen ist. Und eben der macht den trubeligen Strand von Vejers auch für Naturverbundene verführerisch.

Pack die Badelatschen ein!

Kilometerlang reihen sich die Fahrzeuge am Strand von Vejers. Es ist Sommer und da geht es zwischen Dünen und Wasserkante zu wie auf einem Campingplatz. Stühle, Tische, Deko, Geschirr, Spielsachen, Sportgeräte, Windschutz, Wäscheleine. Es gibt nichts, was man nicht mitnehmen könnte, solange man es nicht selber an den Strand schleppen muss. Und wenn dann auch noch Musik aus einem Gastrozelt herüberweht, ist das für manche Menschen das höchste der Gefühle.

Andere stehen absolut nicht auf Autosträn- de. In Dänemark sind sie grundsätzlich etwas ganz Normales; allerdings eher im Norden. In Südwestjütland findet man sie nur auf den Inseln Rømø und Fanø, auf dem Festland nur in Vejers und Børsmose. Und das ist nun wie- der ein Grund, warum naturverbundene Men- schen durchaus mal vorbeigucken sollten. Denn wo Wohnmobile sich nicht festfahren, da kann auch ein Rad über den Strand rollen. Nordsee und Wind haben den Sand zu einer

In Vejers und Børsmose gilt der Strand auf je drei Kilometern als öffentliche Straße mit den für Autos üblichen Verkehrsregeln. Dazwischen liegt die ganz große Freiheit für Fahrradfahrer.

festen Piste gepresst. Nicht gleichmäßig natürlich und nicht bei jedem Wetter gleich gut zu befahren. Aber darin besteht ja gerade der Spaß. Schafft man die fünf Kilometer von Vejers nach Børsmose und darüber hinaus? Oder versackt man unterwegs? Etwa, weil Wellen den Sand aufgeweicht haben. Oder aber weil man einen menschenleeren Abschnitt gefunden hat, von dem man gar nicht mehr weg will.

Etwa mittig liegt zum Beispiel der autofreie Strand von Grærup, an dem es ganz besonders relaxt zugeht. Wer eine Runde durch das Ferienhausgebiet drehen möchte, lässt am besten das Rad am Strand. Bevor man es die Dünen hochgewuchtet hat, ist man zu Fuß schon längst über den Pfad bis zum Angelsee gelaufen. Auch wenn das etwa sieben Hektar

große Gewässer idyllisch wirkt, ist es nicht natürlichen Ursprungs, sondern durch Kiesgewinnung entstanden. Der Kies steckt heute im Elbtunnel und der Grærup Fiskesø hat sich zu einer kleinen Küstenperle mit glasklarem Wasser und sandigen Flachwasserzonen gemausert. Ein umlaufender Pfad führt zu bezaubernden Verstecken im Schilf, einige sind mit Bänken ausgestattet. Letztere haben sich allerdings häufig schon Angler geschnappt, die hier vor allem Forellen fischen. Dafür braucht es eine Tageskarte der Sportfischervereinigung im benachbarten Oksbøl.

Wer am Seeufer in nördliche Richtung über Lyngheden und Lyngvej zurück an den Ausgangspunkt findet, hat am Ende etwa vier Kilometer auf dem Schrittzähler – und vielleicht sein nächstes Ferienziel entdeckt. Grærup

ist eine der ruhigsten Ferienhaussiedlungen zwischen Blåvand und Henne Strand. Eis, Kaffee und Pommes gibt's aber erst wieder am Campingplatz von Børsmose, wo der nächste Autostrand seinen Anfang nimmt.

FAZIT: RADELN AM WELLENRAND IST TOLL. SOLLTE SICH DER SAND ALS ZU WEICH ERWEISEN, BREITET MAN EINFACH DAS STRANDLAKEN AUS.

Hin & weg: Mit dem Rad zum Strand von Vejers.

Beste Zeit: Hochsommer.

Dauer & Strecke: Für 14 km (hin & zurück) am Strand gut 1 Std.; es kann aber auch ein ganzer Strandtag werden.

Ausrüstung: Rad mit breiten Reifen und Badesachen.

CITY BEACH ENERGY

⋝ ... in Hjerting ⋜

#13 *In der siebtgrößte Stadt Dänemarks lebt es sich wie in einem Seebad am Ostsee-strand. Hjerting ist von der Esbjerger City aus in nur wenigen Minuten zu erreichen und weit genug vom Hafen entfernt, um sich wie im Urlaub zu fühlen.*

Hjerting ist das Blankenese von Esbjerg; ein exklusiver Vorort mit kleinen Boutiquen, Bars, Cafés und Sandstrand vor der Tür, hervorgegangen aus einem dänischen Fischerdorf mit 700-jähriger Geschichte. Natürlich ist in Dänemark alles etwas kleiner als in Hamburg. Nur der Tidenhub fällt gewaltiger aus. Es ist ja auch nicht bloß Elbwasser, das auf die Häuser zuläuft, sondern die Nordsee.

Am Vormittag geht es entspannt zu auf der 660 Meter langen Holzpromenade. Sie ist mit Bänken, Pisten, Treppen, Pontons und Plattformen ausgestattet. Einige der Meeresmöbel

Hin & weg: Vom Bahnhof Esbjerg mit Buslinie 1 A, Haltestelle Hjerting Strandvej V Strandgården.

Beste Zeit: Sommer.

Dauer & Strecke: 1 Std. für 5 km plus Extrazeit für den Strand.

Ausrüstung: Badesachen, Volleyball.

Promenadenbummel, Panoramaroute, Parkspaziergang; diese kurze Tour ist wirklich enorm vielfältig. Hier zeigt sich der Nationalpark Wattenmeer von einer ungewöhnlich sanften Seite.

liegen bei Ebbe am Strand und werden bei Flut zu Badeinseln. Andere dienen als sichere Planschbecken für kleinere Kinder. Die größeren Kids erreichen den Strand mit dem Rad schon wenige Minuten nach Schulschluss. Dann wird die Schlange vor der Eisbar im Café Stryhns (www.cafestryhns.dk) schnell lang. Und auch wer Beachvolleyball spielen oder eine der Hängematten am Wasser ergattern möchte, kommt am besten am frühen Vormittag um den Blick über die Ho-Bucht zu genießen. Sie gehört zum Nationalpark Wattenmeer.

Am Horizont verträumt die unbewohnte Insel Langli den Tag. Wer da sofort eine magnetische Anziehungskraft verspürt, könnte sich im Badehotel (hjertingbadehotel.dk) ein Seekajak leihen. Doch wenn man sich noch nicht mit dieser Sportart auskennt, sollte man das Wattenmeer mit seinen Strömungen und Ge-

zeiten besser meiden und sich das Inselabenteuer für Eskapade #48 aufheben. Stattdessen folgt man zu Fuß der blauen Markierung auf den Energy Path. Es empfiehlt sich, den knapp fünf Kilometer langen Rundweg gegen den Uhrzeigersinn zu laufen. Dann kommt das Beste am Schluss: der Hjerting Strandpark (www.vadehavskysten.de > Esbjerg > Attraktionen in Esbjerg > Gärten und Parks in Esbjerg) mit Liegebänken, Kunstskulpturen und Klettergeräten für Kinder. Bei Einbruch der Dunkelheit illuminieren Leuchtkugeln den mäandernden Weg ans Meer. Dort zelebriert Esbjerg dann den Feierabend.

FAZIT: ENTSPANNTER AUFTAKT BZW. AUS-KLANG AUF EINEM STÄDTETRIP NACH ESBJERG ODER ALS EXTRA AUSFLUG.

KLEINER GIGANT

⊰ ... bei Løgumkloster ⊱

#14

Bevor man auf den Marschturm steigt – was eine feine Idee ist –, bietet sich dieser Abstecher ebenso an wie danach oder völlig unabhängig davon. Zwar handelt es sich bei Løgum Bjerge nicht um Berge, wie man phonetisch tippen könnte, aber es liegt immerhin höher als der Meeresspiegel.

Jütland ist flach. Südjütland ist flacher. Und am allerflachsten ist die Marsch der Westküste, wo meist der Deich die höchste Erhebung weit und breit darstellt. Kein Wunder also, dass der 25 Meter hohe Marschturm (Marsktårnet; www.visitsonderjylland.de > Erlebnisse > Marsk Camp und Marsk Tower) in Skærbæk seit Eröffnung im Sommer 2021 als absolute Attraktion gilt. Nebenbei ist der spiralförmige Aussichtsturm natürlich auch barrierefrei und ein architektonisches Highlight;

darunter macht man es in Dänemark ja nicht. Und so lohnt es sich wirklich, die 146 Stufen zu erklimmen, um weit über die Landschaft, die Inseln und darüber hinaus zu schauen. Bei klarer Sicht. Ist es diesig, denkt man vielleicht zweimal über den Eintritt nach. Zum einen entspricht er immerhin dem Gegenwert von 3,5 *Pølser*. Zum anderen liegt nur 13 Kilometer entfernt ein zwar atmosphärisch ganz anderer, aber ebenso feiner Panoramapunkt. Das ist mit Auto oder Rad schnell zu machen.

Vongshøj bei Løgumkloster ist die höchste Erhebung Südjütlands. Berg wäre die falsche Begrifflichkeit bei bloß 64 Metern. Umso mehr, da es sich nur um einen Grabhügel handelt. Aber immerhin ist es das Grab eines Riesen – namens Vong. Man kann zum »Gipfel« mit dem Auto fahren. Doch schöner

Hin & weg: Mit dem Rad oder Auto bis zum Park- und Rastplatz Koldingvej bei Løgumkloster.

Beste Zeit: Ganzjährig.

Dauer & Strecke: 1 Std. für 2 km.

Ausrüstung: Fernglas.

Vongsjhøj ist der höchste von rund 50 Grabhügeln auf den »Gipfeln« der Løgumbjerge.

ist es, wenn man an dem Rastplatz startet, wo der Vongshøjvej den Koldingsvej kreuzt. Dort schlängelt sich ein Pfad durch einen kleinen Märchenwald etwa 800 Meter zu Vongs Ruhestätte. Der Hügel wird von einem Aussichtsturm gekrönt. Dieser wurde schon als Blinksignalstation genutzt, als Wachturm und für geodätische Vermessungen und ist längst nicht so hoch wie der Marschturm, den man in der Ferne erkennen kann. Noch weiter im Westen liegen Rømø und Sylt, im Süden Tondern und Tinglev. Der Dom zu Ribe erhebt sich im Norden und im Osten ist die Hügellandschaft von Aabenraa zu sehen. Falls man im Anschluss 3,5 *Pølser* verspeisen möchte, bietet sich der Klostergrillen in der Klostergade in Løgumkloster an. Schließlich gilt das dänische Hot Dog mit den signalroten Würstchen als echtes Kulturgut und man will ja kein Banause sein. Das Kloster selbst ist natürlich auch einen Abstecher wert.

FAZIT: WER IN SÜDJÜTLAND HOCH HINAUS WILL, KOMMT UM DIE LØGUMBJERGE UND VONGSHØJ NICHT HERUM.

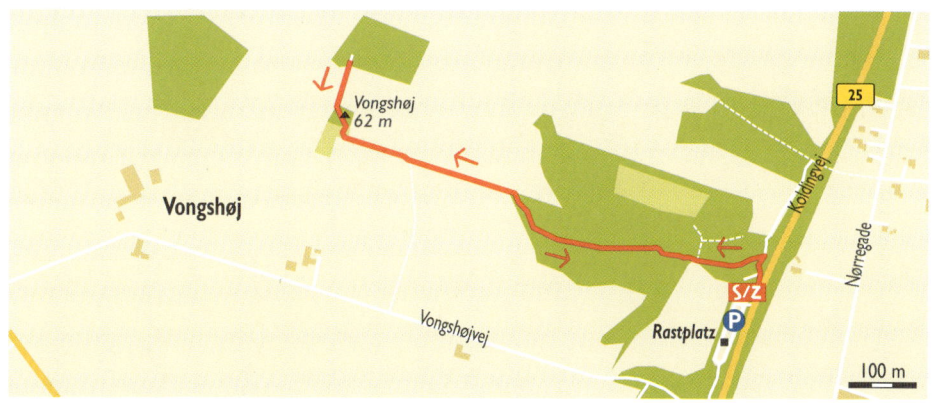

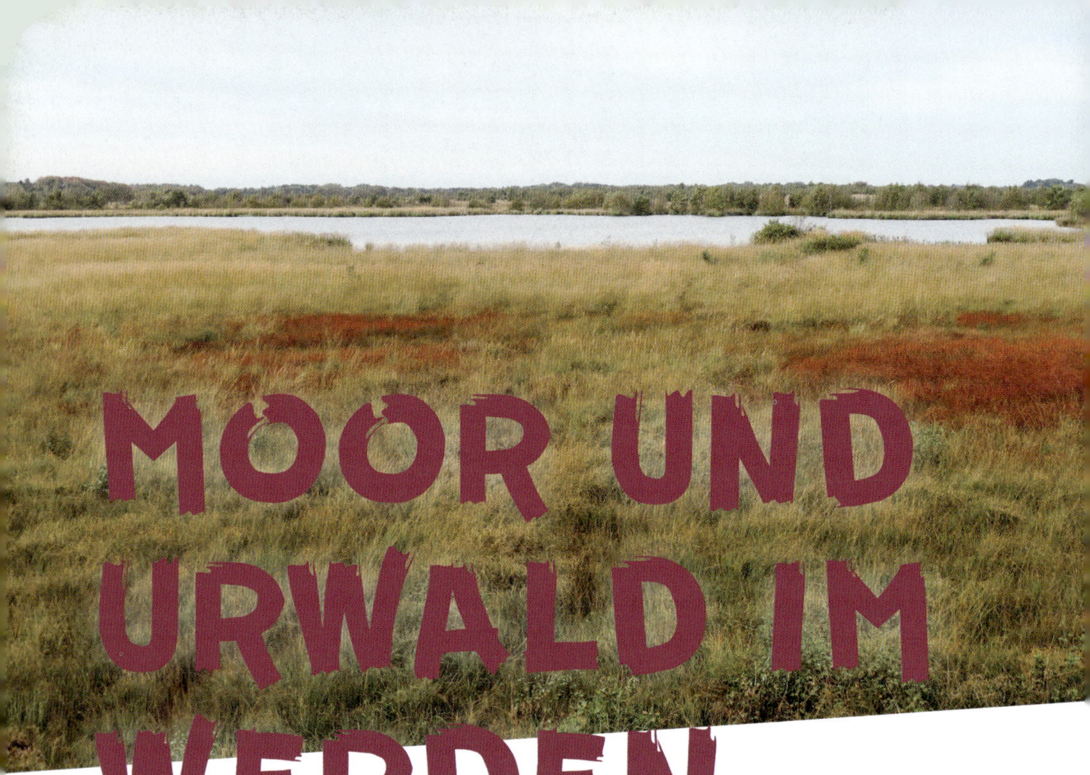

MOOR UND URWALD IM WERDEN

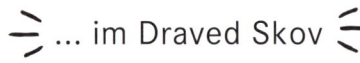

... im Draved Skov

#15

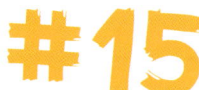

Als die einstmals weiten Wälder Südjütlands zugunsten der Landwirtschaft abgeholzt wurden, galt der Wald bei Draved als relativ nutzlos. Umgeben von Mooren war der Boden zu feucht, um ihn zu kultivieren. Heute schätzt man ihn als einen der kostbarsten Naturwälder im Land.

#Urwäldchen #indiePilze #aufdieNüsse #Mose:Moor

Kongens Mose, das königliche
Moor, grenzt an den Wald der Baum-
majestäten.

Es duftet erdig, würzig, nach feuchtem Laub
oder anders gesagt nach Herbst. Alle Geräu-
sche scheinen gedämpft. Irgendwo klopft
ein Specht, im Unterholz knackt ein Zweig.
So ist es schon seit 7000 Jahren im Draved
Skov. Zwei Rundwanderwege ziehen sich vom
Wanderparkplatz in Schleifen durch den Wald,
der etwa 100 Hektar kleiner ist als der Engli-
sche Garten in München. Da staunt, wer aus
Thüringen oder dem Schwarzwald kommt: Es
handelt sich um einen der größten Naturwälder im ganzen Land.

Im Vergleich zu Deutschland dünn besiedelt,
wirkt Dänemark auf Reisende oft, als sei die
Welt hier noch in Ordnung. In Wahrheit ist

Weißdornbeeren sind essbar, duften aber fischig.
Pilz-Erkennungs-Apps ersetzen kein Fachwissen.

besit. Besonders Waldarmut ist ein Problem. Nicht einmal 10 Prozent der Landfläche ist bewaldet. Deutschland, das selbst nicht genügend Wälder vorweisen kann, bringt es auf fast ein Drittel. Kein Wunder, dass die Geschichten von Hans Christian Andersen so anders klingen als die der Gebrüder Grimm. Und trotzdem – oder vielleicht gerade darum – trägt der Draved Skov durchaus märchenhafte Züge.

Die knorrigen Marineeichen etwa sind echte Charaktere. Sie wurden um 1640 gepflanzt. Damals eigneten sich ihre krummen Äste perfekt für den Bau von Kriegsschiffen. Überhaupt bewahrt der Draved Skov viele ursprüngliche Baumarten. Allen voran die kleinblättrige Linde, die sich hier unheimlich wohlfühlt. Im Rest des Landes ist sie leider längst verschwunden.

nicht alles grün, was wächst. EU-weit hat einzig Malta noch weniger Naturflächen zu bieten als das kleine Königreich. Natürlich hat Dänemark die missliche Lage längst begriffen. Doch Gegensteuern ist nicht so leicht. Drei Viertel der Natur befindet sich in Privat-

Ein gelber Pfeil markiert verlässlich die Rundwanderungen auf den federnden Pfaden, ge-

Das Moor erzählt Geschichten. Etwa dass um 1650 alle Linden abrupt verschwanden. Vermutlich wurden sie in den Schwedenkriegen gefällt und an Bildhauer in Holland verkauft.

säumt von riesigen Farnen und gewaltigen Stechpalmenbüschen. In der Weihnachtszeit könnte man sich einen Zweig für das Ferienhaus mitnehmen. Im Herbst haben Haselnüsse Saison. Wenn sie reif sind, fallen sie zu Boden. Und nur wenn ihre Schale unversehrt geblieben ist, lohnt es sich, sie aufzulesen, um sie zu Hause zu trocknen. Kniffliger ist die Sache mit den Pilzen. Die bizarrsten Exemplare sprießen aus den Böden, belagern Totholz und Bäume. Ohne Ahnung und Bestimmungsbuch lässt man lieber die Finger davon und konzentriert sich auf das Sammeln der unterschiedlichsten Eindrücke.

Mehrere Moore grenzen an den Wald, darunter eines der größten Hochmoore Dänemarks: Kongens Mose. Sind die Zugvögel fort, liegt beinahe eine Totenstille über der weiten Landschaft. Bis die nächste Gruppe Studierender vorbeikommt, um den enormen Artenreichtum im eingezäunten Forschungsgelände zu bewundern. Allein 1000 Spinnenarten weben dort ihre Netze – und das freut ausnahmsweise vielleicht selbst jene, die sich sonst vor den Tieren fürchten.

FAZIT: KLEINE KOMBINIERBARE GUT AUS-GESCHILDERTE WALDRUNDEN VON ZWEI ODER VIER KILOMETERN.

Hin & weg: Mit dem eigenen PKW bis zum Wanderparkplatz Draved Skov, Løgumkloster.

Beste Zeit: September–November.

Dauer & Strecke: 2 Std. für 6 km.

Ausrüstung: Gummistiefel, es kann matschig sein.

STURM-HÖHE

 ... in Lyngvig

»Hier draußen gibt es nur Dich und Dich allein«, erzählte Flemming Jørgensen Priis, der letzte Leuchtturmwärter von Lyngvig Fyr im Jahr 2004. In den weniger frequentierten kalten Monaten kann man sich das noch vorstellen. Besonders an Sturmtagen wird hier Geschichte lebendig.

Bei orkanartigen Winden bilden kleine Wasserbläschen auf den Wellenkämmen prächtige Schaumkronen.

Am 31. Januar 1903 strandete etwa 35 Kilometer nördlich von Lyngvig der Dampfer *Avona*. Raue Winde und die südliche Strömung machten es den Rettungsleuten unmöglich, das Schiff zu erreichen. In ihrer Not ließ die Mannschaft die eigenen Rettungsboote zu Wasser. Keines hielt den tosenden Wellen stand. Alle 24 Seemänner ertranken.

Nach diesem Unglück wurde der Bau eines Leuchtturms beschlossen, etwa mittig zwischen den bereits bestehenden in Blåvand und Bovbjerg. Ab 1906 schickte dann auch Lyngvig Fyr (levendehistorie.dk) seine Strahlen über die See. Der jüngste der großen Leuchttürme gilt vielen auch als der schönste. Schneeweiß und schlank thront der 38 Meter hohe Turm auf einer 17 Meter hohen Sanddüne. Sein Leuchtfeuer ist das höchste von ganz

Dänemark und noch in 40 Kilometern Entfernung zu sehen. Von Anfang an für Besucher zugänglich, organisierte das Badehotel in Søndervig Ausflüge zu dem abgeschiedenen Ort auf Holmsland Klit. Damals lebten nur der Oberleuchtturmwärter und zwei Bedienstete der Behörde für Gewässer und Schifffahrt mit ihren Familien in der Dünenheide. Beinahe wie auf einer einsamen sturmgepeitschten Insel.

Hin & weg: Die Buslinie 580 von Hvide Sande oder Søndervig hält direkt am Besucherparkplatz von Lyngvig Fyr.

Beste Zeit: Während eines Herbst- oder Frühlingssturms.

Dauer: 1–2 Std.

Ausrüstung: Mütze oder Kapuze. Der Wind pfeift gehörig.

Der Wind weht fast immer. Und meistens von West.
Für die Atemwege gibt es nichts Besseres.

Heute ist der Leuchtturm von Ferienhausgebieten umgeben und für die Schifffahrt unnötig geworden. Doch der Ausblick auf Dünen,
Fjord und Meer hat nichts von seiner Faszina-
tion verloren. Lyngvig Fyr gehört zu den Orten,
die das Ringkøbing-Skjern Museum rund um
den Ringkøbing Fjord bespielt, um Geschichte
erlebbar zu machen. An historischen Stellen
warten Museen, originalgetreue Wohnhäuser,
Outdoor-Ausstellungen, Vorführungen alten
Handwerks, Rätseljagden auf eigene Faust
oder geführte Touren durch die Natur.

In Lyngvig spielt natürlich der Leuchtturm
die Hauptrolle. Von Frühling bis Herbst kann
man sich sogar von der Aussichtsplattform
abseilen oder an einem der beliebten Leucht-
turmabende den Sonnenuntergang genießen.
Im ehemaligen Leuchtturmwärterhaus befinden sich Ausstellung, Museumscafé und ein
kleiner Laden mit Retro-Souvenirs. Für Kinder
gibt es einen großen Spielplatz, und eine Infohütte widmet sich dem Thema Strandgut.

Am eindrücklichsten aber ist die hypnotische
Wirkung der Nordsee selbst. Darum ist ein
Abstecher zum Strand auch noch wichtiger
als eine Eintrittskarte.

> **FAZIT: WAS LYNGVIG FYR MIT ALLEN
> LEUCHTTÜRMEN VERBINDET — MAN MUSS
> IHN EINFACH BESUCHEN.**

DAS LICHT IM TYSKER-HAVNEN

⤝ ... in Hvide Sande ⤞

#17

Bei einer Fotosafari im winterlichen Hvide Sande gelingt mit jedem Schuss ein Treffer. Und sei es auch nur für einen selbst. Denn Kunst darf gern schräg sein und will auch gar nicht jedem gefallen. Das hat sie mit der Schleusenstadt auf dem 56. Breitengrad gemeinsam.

Ein eiskalter Wind rüttelt am Signalmast oben auf dem Troldbjerg, einer Aussichtsdüne mitten in Hvide Sande. Im Osten leuchtet der Ringkøbing Fjord winterblau. Im Westen geht der Blick weit über die verwaisten Hafenschuppen und Kaianlagen bis zur Nordsee. Hvide Sandes Architektur kann man nicht unbedingt malerisch nennen. Und doch fühlen sich Künstlerseelen hier noch heute ebenso inspiriert wie die großen Skagen-Maler um die Jahrhundertwende von der Nordspitze Jütlands.

Nicht mal 3000 Einwohner. Doch die fünftgrößte Fischereiflotte. Alles dreht sich um den Hafen.

Damals, als Skagen zum Kunstzentrum avancierte, gab es Hvide Sande noch nicht einmal. Erst 1912 entstand ein kleiner Verladehafen am Fjord. Warum er den Namen Tyskerhavnen, Hafen der Deutschen, bekam, ist nicht eindeutig belegt. Eine Erzählung lautet, dass die damals noch unbewohnte Nehrung Holmsland Klit, im Volksmund Tyskland, Deutschland, hieß. Es dauerte noch mehr als 20 Jahre, bis sich der Seehafen und mit ihm der Ort Hvide Sande entwickelten. Der alte Fjordhafen mit seinen schrabbeligen Geräteschuppen blieb bestehen – bis heute.

Während an einige der kleinen Hütten noch nie jemand Hand angelegt zu haben scheint, wurden andere in Ferienunterkünfte umgewandelt. Zwischen Mai und Oktober wird eines der Miniaturhäuschen, das Art 56 (hkt. dk/kunstnerbolig), zum offenen Atelier. Dann sind verschiedene Kunstschaffende für jeweils zwei Wochen eingeladen, hier zu arbeiten und zu leben. Im Winter ist weniger los. Dann könnte der Tyskerhavnen genauso gut in Grönland liegen oder in einer anderen einsamen nordischen Ecke mit diesem ganz speziellen Licht.

Ähnlich wie Skagen liegt Hvide Sande zu beiden Seiten am Wasser, kennt also keine Schattenseiten. Nicht einmal Bäume verdecken die Sonne. Wer mit winterlicher Dunkelheit und kurzen Tagen hadert, fühlt sich bei wolkenlosem Himmel zwischen Meer und Fjord wie energetisiert. Und wenn der Finger am Drücker endgültig eingefroren ist, geht es auf die Südseite der Schleuse – auf eine heiße Schokolade in einem der Cafés am Seehafen.

FAZIT: URBAN-ART-ABSTECHER FÜR KUNSTBEGEISTERTE IN EINER STADT MIT TOLLEN ECKEN UND KANTEN.

Hin & weg: Buslinie 580 von Ringkøbing bis Hvide Sande Kirche; für den eigenen PKW sind Parkplätze ausgewiesen.

Beste Zeit: Winter.

Dauer: 1–3 Std., je nach Kälteempfinden.

Ausrüstung: Kamera oder Smartphone und Fotohandschuhe.

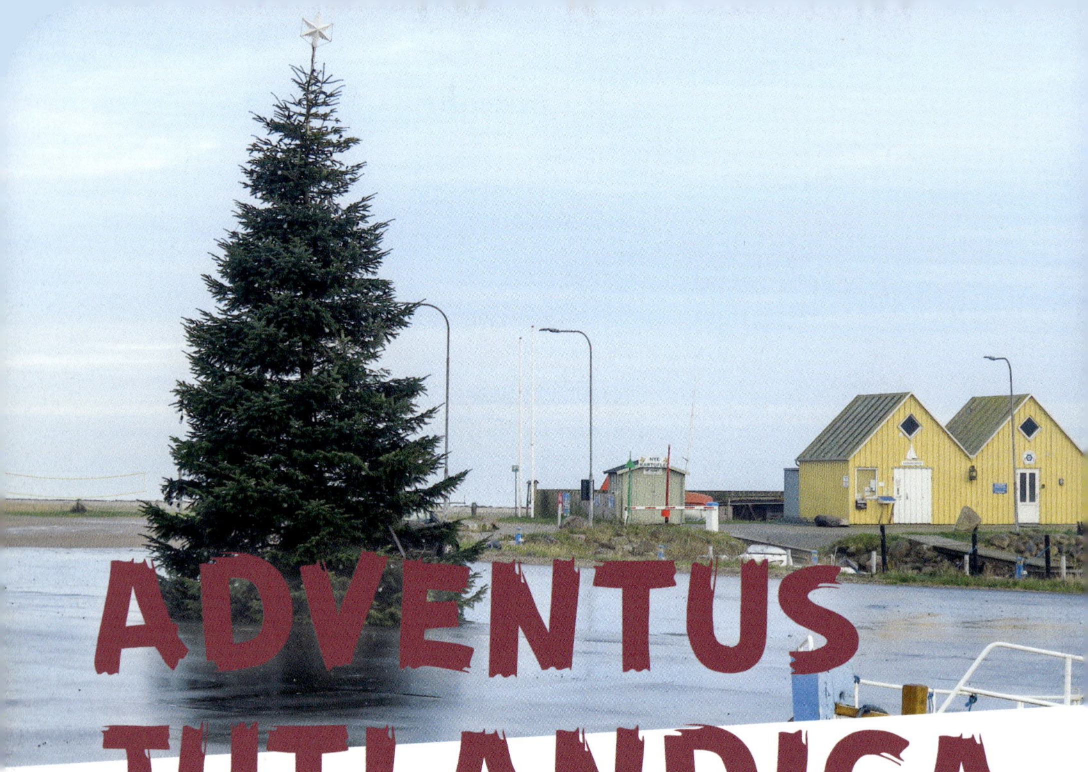

ADVENTUS JUTLANDICA

... in und um Christiansfeld

#18

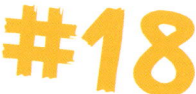

Im Sommer ist es selbst für Ungeduldige kein Problem, dass Feriendomizile erst am Nachmittag bezogen werden dürfen. Man kann ja am Strand auf den Schlüssel warten. Im Winter bringen diese märchenhaften Abstecher auf dem Weg zur Westküste in Stimmung.

#esweihnachtetsehr #ReisenstattRasen #OstseeExkurs #Honningkager:Lebkuchen

Drei Abstecher für Aschenbrödel:
an die Ostsee, ins Welterbe oder in
einen geheimen Garten.

Der Weg an die brandende Nordsee führt vom Grenzübergang etwa 100 Kilometer dicht an der Ostsee entlang. Kurz bevor es bei Kolding endlich westwärts geht, bietet sich ein UNESCO-Welterbe am Wegrand zur Rast an: die Idealstadt Christiansfeld (www.visitkolding.de > Erlebnisse > Christiansfeld).

Geplant und gebaut wurde die kleine Siedlung 1771 von der Herrnhuter Brüdergemeinde.

Die Sachsen brachten nicht nur schnurgerade Straßen und Spitzenhandwerker mit nach Dänemark. An jedem Gelbklinkergebäude und hinter allen Fenstern funkeln zur Weihnachtszeit auch die beliebten Herrnhuter Sterne. Dann duftet es nach Lebkuchen aus den Backstuben, die als *Honningkage* von Christiansfeld aus ihren Siegeszug in Dänemark antraten. Für den Stadtbummel inklusive Besuch des Gottesackers und des größten

Kirchensaals Dänemarks sollte man etwa eine Stunde einplanen. Ebenso lang könnte ein wirklich romantischer Abstecher vom Abstecher dauern. Christinero, Christines Ruh, liegt vor der Stadt. Den jahrhundertealten Garten legte die Kammerfrau Christina Frederica von Holstein an. Bis sie hier ihre letzte Ruhe fand, hieß das Idyll Meine Gedanken.

Hejlsminde liegt am Kleinen Belt, der Meerenge zwischen dänischem Festland und der Insel Fünen.

Man erreicht es von einem kleinen Parkplatz aus über einen Fuß- und Radweg. Er führt durch den Torborgen der ältesten und größten Eichenholzscheune Dänemarks, Bulladen, weiter über freies Feld in den Wald, wo Bäche und Springbrunnen plätschern. Nach etwa 700 Metern geht es durch eine weiße Holzpforte in den längst verwilderten Garten mit Einsiedlerhaus, griechischem Pavillon und einer kleinen Kapelle.

Wer noch eine Stunde mehr Zeit mitbringt, kann der Ostsee eine Stippvisite abstatten. Das sanftere Meer liegt bei Hejlsminde von Hügeln, Tälern, Buchenwäldern und einem Noor umgeben. Im Sommer ist der kinderfreundliche Strand ein Besuchermagnet, im Winter wunderbar still.

FAZIT: JEDE MINUTE IST WERTVOLL — MIT DIESEN KLEINEN WELTWUNDERN AM WEGRAND LÄSST SICH DER ERSTE (ODER LETZTE) URLAUBSTAG VOLL AUSKOSTEN.

Hin & weg: Ausfahrt 66 Christiansfeld auf der E45. Zu den Besucherparkplätze von Christinero und Christiansfeld Ausschilderung folgen. In Hjelsminde darf das Auto im Jachthafen stehen.

Beste Zeit: Dezember.

Dauer: 1–3 Std.

Ausrüstung: Liste der Lieben, die einen *Honningkager* als Mitbringsel verdienen.

ALLE FLÜSSE FLIEBEN INS MEER

 … am Henne Mølle Å

 **#19**

Dieser Abstecher ließe sich im Prinzip prima mit Eskapade #31 verbinden. Doch man braucht schon etwas dickere Reifen auf der zubringenden Schotterpiste. Schöner als 2,5 Kilometer durch die Düneneinsamkeit zu rumpeln ist der etwa ebenso lange Strandspaziergang von Henne Strand aus.

An einem arktisch blauen Tag bei Windstille gleitet der Henne Mølle Å (Bach bei der Mühle von Henne) wie Seide in die See. Aber er kann auch ungebändigte Kräfte entfalten wie ein reißender Fluss. Nach regenreichen Tagen übersteigt er die Gummistiefelkante bei Weitem. Im Sommer würde man dann ganz einfach die Hosenbeine hochkrempeln. Im Winter wird der Bach zum vielleicht schönsten aller Hindernisse auf der ganzen Welt.

Hin & weg: Bahn bis Henne Stationsby, weiter mit Buslinie 448 bis Strandvejen Henne Strand. Autofahrer parken auf dem dortigen Strandparkplatz.

Beste Zeit: Ganzjährig.

Dauer & Strecke: 1–2 Std. für 2,5 km (einfache Strecke).

Ausrüstung: Skizzenbuch und leuchtende Farben.

Dann muss man ihm durch das Dünental ins Landesinnere folgen. Gar nicht einmal weit, nur wenige Hundert Meter, bis zu einer kleinen Brücke. Man sollte die Strecke möglichst langsam gehen, um jeden Augenblick auszukosten. Es ist der einzige Abschnitt, auf dem sich der Henne Mølle Å auf dem Lauf vom Filsø bis zum Meer sein Bett selber suchen darf. Er tut es mit solcher Anmut, dass einem ganz feierlich werden kann. Beinahe könnte man da beim Erreichen der Brücke das schmucklose Gebäude übersehen, das sich in die Dünen duckt: das Henne Mølle Å Badehotel (www.hennemoelleaa.dk).

Entworfen wurde das schlichte Refugium im Nirgendwo von Poul Henningsen Mitte der 1930er-Jahre. Henningsen war einer der wichtigsten Architekten, Designer, Autoren,

Wolkenlose Winter-Windstille fühlt sich in den Dünen an wie die sonnige Hüttenterrasse im Skiurlaub.

Verleger, Sozialkritiker – oder kurz: Denker – Dänemarks. Bekannt ist er vor allem durch die mit Louis Poulsen entwickelten Lampen, die PH Pendelleuchten. Sie hängen im Louvre genauso wie in jedem dänischen Ferienhaus (jedenfalls mindestens als Replica) und natürlich im Badehotel. Die Küche dort ist ebenso exzellent wie die Natur rundum. Eine *middags-mad* (auch *middag*), ulkigerweise die abendliche Hauptmahlzeit, muss sich nur leisten, wer Essen auch wirklich genießt. Denn günstig ist sie nicht gerade. Zur *frokost*, dem dänischen Mittagessen hingegen, braucht man nicht übermäßig tief in die Tasche greifen. Geöffnet ist im Winter nur an ausgewählten Tagen; dann kann man 10 Euro kaum besser investieren als in ein *Smørrebrød* im Badehotel. Denn das sind eben keine Butterbrote, wie man sie dem Koch aus der Muppetshow zutrauen würde, sondern wahre Kunstwerke.

FAZIT: ZAUBERHAFTER STRANDSPAZIER-GANG; WENN DIE ÖFFNUNGSZEITEN ES WOLLEN, MIT EDLEM FINALE.

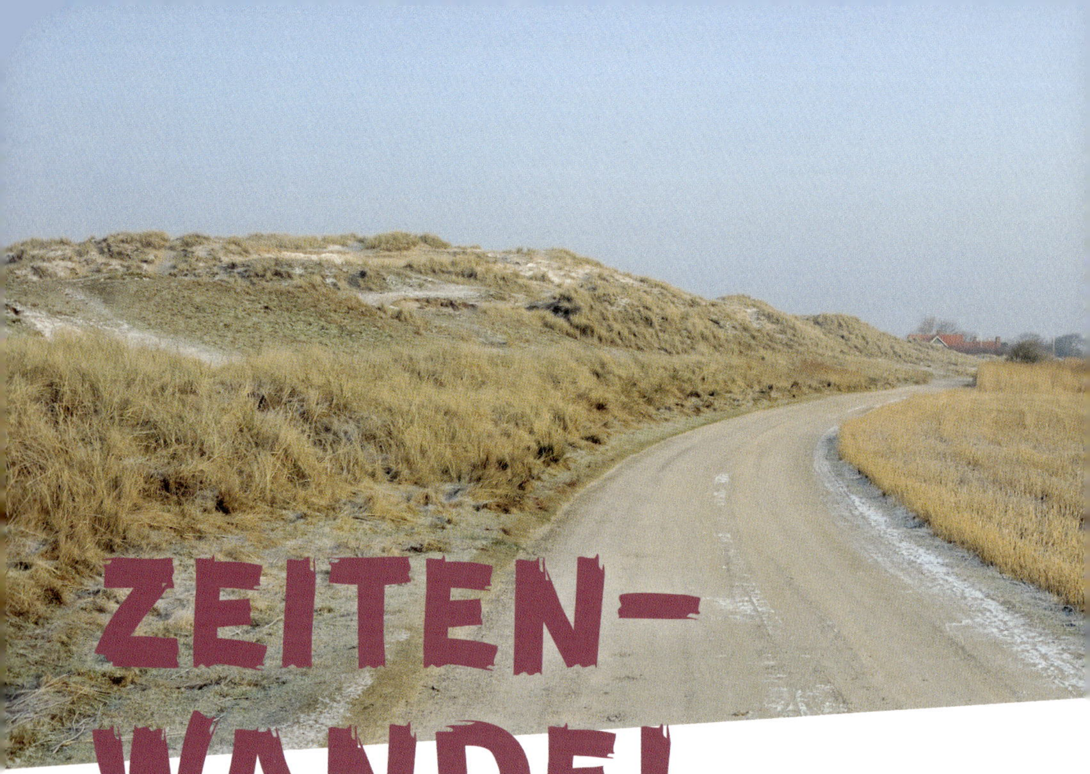

ZEITEN-WANDEL

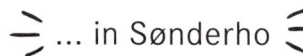

… in Sønderho

#20

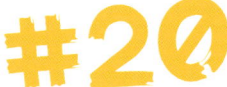

Rund zehneinhalb Monate im Jahr zelebriert das Bilderbuchdorf Sønderho auf der Insel Fanø Kunst, Kultur und Küche der Extraklasse. Sind die letzten Silvestergäste abgereist, wird es ruhig in den schmalen Gassen mit den schönen Seefahrerhäusern.

#Dorfschönheit #LuxusLabyrinth #Saisonende #Piddersdai:Biikebrennen

Weite Salzwiesen und Dünen schützen die Südspitze der Insel Fanø.

Im Winter hatte in alten Zeiten die Schifffahrt zu ruhen. Wieder los ging es für die Männer dann erst am 22. Februar. Das feierte man auf den Wattenmeerinseln mit einem Feuerbrauch, dem *Biikebrennen*. Im Hafen von Sønderho geht es auch heute noch im Januar nicht übertrieben geschäftig zu. Eigentlich ist es ja auch bloß ein Steg im Schilf am Ende der Welt. Längst versandet und verwaist.

Hamborger Børsen heißt der kleine Vorplatz, wo man früher gern in der Gazette »Hamburgische Börsenhalle« die Listen mit ein- und auslaufenden Schiffen studierte. Damals war Sønderho eine bedeutende Seefahrerstadt.

Heute gilt der Ort im Süden der Insel Fanø als schönstes Dorf des Landes. Der Glanz alter Seefahrertage passt einfach prima zu Galerien, traditionellem, hochwertigem Handel und der Spitzengastronomie. Der Sønderho Kro (www.sonderhokro.dk) ist weit über die Grenzen Dänemarks bekannt. Nur hat das Gasthaus von 1722 im Januar geschlossen, ebenso wie Ateliers, Museen und Kultureinrichtungen. Das ganze Dorf scheint im Winterschlaf zu liegen. Das macht aber nichts, weil Sønderho selbst einem Museum gleicht.

Im Inforaum an der Feuerwehrwache liegt der Plan »Pfade von Sønderho« aus. Das Wegesys-

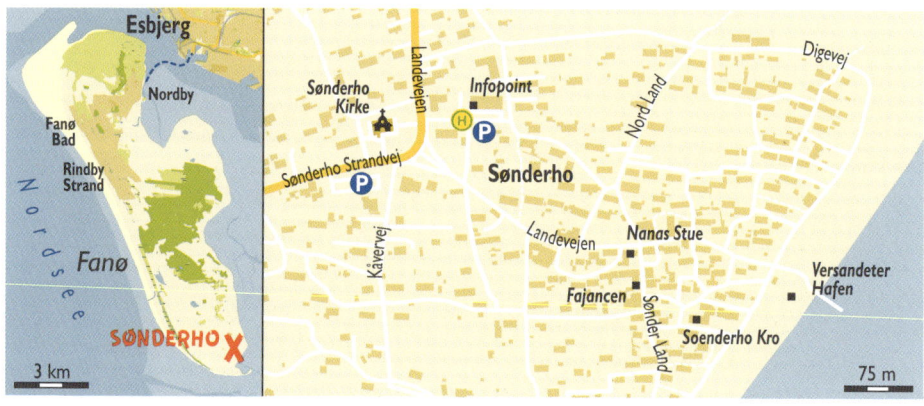

tem für Vieh und Fußgänger stammt aus den 1920er-Jahren, ist im Ursprung aber Hunderte Jahre älter. Ein Großteil der Reetdachhäuser steht unter Denkmalschutz. Sie stammen aus dem 18. und 19. Jahrhundert und sind alle von West nach Ost ausgerichtet. Das sieht aus der Luft gradlinig aus wie Manhattan, ist in Wahrheit aber ein verschlungenes Labyrinth. Die

Auf den Wattenmeerinseln sind sich Deutschland und Dänemark nicht nur geografisch nah. Man pflegt auch gemeinsame Traditionen, wie das Biikebrennen. Atmosphärisch erinnert Sønderho an Keitum auf Sylt.

Tourenvorschläge leiten zwischen den Gärten zu Kirche und Gebetssaal, Tonnenhalle und Dorfanger, zu Hannes Haus, wo sich rein gar nichts seit 1750 verändert hat, Nannas Stube, einem Restaurant mit großer Sammlung holländischer Wandfliesen, und dem Kaufmannsladen von 1850, der heute das Fajancen (fajancen.com) beherbergt. Das Café ist berühmt für extravagante Eiskreationen.

Die namensgebenden Fayence-Hunde stehen in vielen Fenstern. Für dänische Seefahrer war es früher ein Muss, der Liebsten ein Hundepaar aus Keramik von einer Englandreise mitzubringen, das Treue und Geborgenheit symbolisiert. Schauen die Hunde zum Fenster heraus, ist der Mann auf See. Kehrt er zurück, werden die Porzellan-Figuren umgedreht und blicken ins

Innere. Und wer in der Januarkälte so langsam selbst Lust auf eine warme Stube und gutes Essen bekommt, muss wiederkehren. Wie das Leben in Sønderho – Mitte Februar mit der Biike.

FAZIT: ROMANTISCHER KULTURSPAZIER-GANG AUF URALTEN PFADEN.

Hin & weg: Mit der Fähre von Esbjerg, weiter mit dem Inselbus bis Sønderho. Autos auf dem Großparkplatz am Dorfeingang abstellen.

Beste Zeit: Jede Jahreszeit hat ihren eigenen Reiz.

Dauer: Im Winter 1 Std., im Sommer 1 Tag.

Ausrüstung: Dorfplan vom Infopoint am Landevejen 35.

2. KAPITEL
AUSFLÜGE

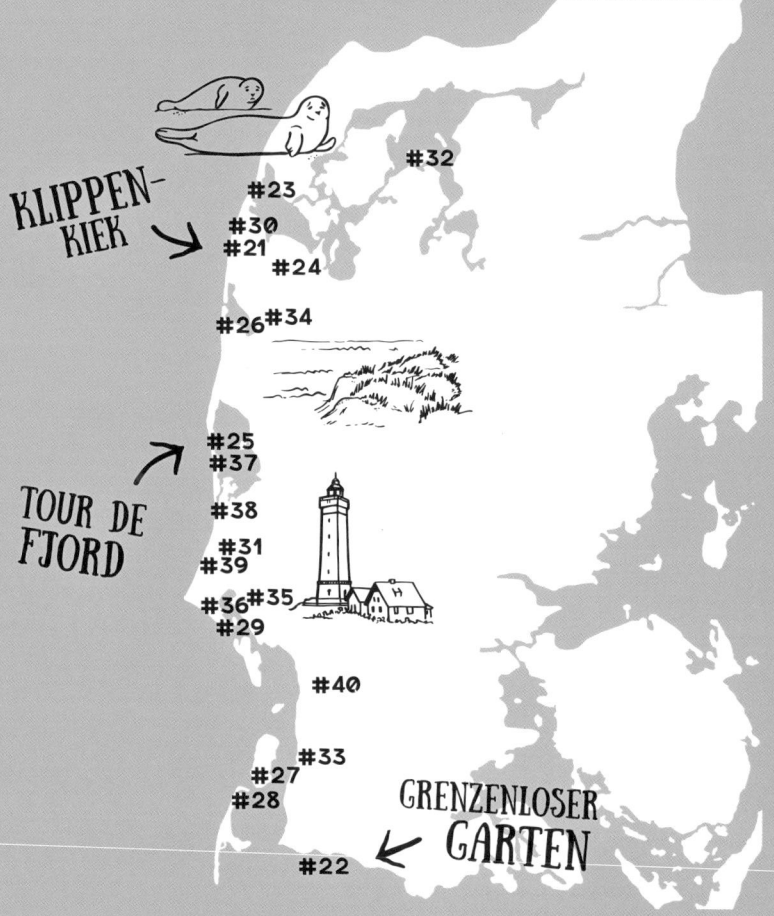

KLIPPEN-
KIEK

#32

#23

#30
#21

#24

#26 #34

#25
#37

TOUR DE
FJORD

#38

#31
#39

#36 #35
#29

#40

#33

#27
#28

GRENZENLOSER
GARTEN

#22

Raus für einen Tag

Inseln erobern, Strände sammeln, übers Wasser fliegen, auf Klippenpfaden wandern oder bis nach Sibirien und zurück – draußen warten die Abenteuer.

12 H

STEIL-GEHEN

⊰ ... auf Bovbjerg Klint ⊱

#21

Die Radstrecke an der 3,5 Kilometer lange Steilküste bei Bovbjerg gilt als eine der schönsten weit und breit – und das zu Recht. Wandern hat aber auch seine Vorteile. Dabei kommt man näher an die Kliffkante ran, kann die Tour schier ewig verlängern und die Klippen auch vom Strand aus bewundern.

Der Leuchtturm trägt rot, damit Seefahrer ihn nicht mit der weißen Kirche von Trans verwechseln.

Paraglider verführerisch. Steht der Wind günstig, sieht man sie über Klippen und Meer schweben. An der höchsten Stelle schickt Bovbjerg Fyr (www.bovbjergfyr.dk) seine Strahlen über die See. Der gemütliche Riese von 1877 ist nach 1,5 Kilometern erreicht. 130 Ehrenamtliche und eine Leuchtturmwärterin betreiben Aussichtsplattform und Geschenkeshop, statten Außen- und Innenbereiche mit Kunst und Kultur aus, zaubern Kuchen und regionale Spezialitäten für das Leuchtturmcafé, kümmern sich um den Garten mit Hängematten und Kletterbäumen. Letzterer ist ein ganz wunderbarer Ort für eine windgeschützte Kaffeestunde.

Offenbar hatte der Maler Jens Søndergaard nicht nur ein Gespür für Farben, sondern auch für Sommerhäuser. Heute beherbergt das schwedenrote Holzschätzchen in exponierter Lage eine Ausstellung des bekannten Expressionisten. Der Besuch lohnt sich besonders, wenn man zuvor die Landschaft erkundet hat, in der Søndergaard Inspiration fand. Ins Minimuseum (jenssoendergaard.dk) am Klippenpfad kann man aber jetzt schon mal einen Blick werfen. Die kostenfreie Ausstellung ist auf Dänisch gehalten, doch mithilfe der historischen Fotografien und Grafiken versteht man auch so, dass sie sich um die Anfänge des Badetourismus, das alte Badehotel und um die Steilküste dreht.

Bis zu 40 Meter ragen die schroffen Wände von Bovbjerg Klint in die Höhe. Das ist für

Stürmt es nicht, sind die Panorama-Picknickplätze an der Wahnsinnstreppe zum Strand ebenso eine Pause wert. Dort sitzt man wie ein Vogel in seinem Nest. Schwindelfreie nehmen nicht die Treppe an den Strand, sondern lassen sich an einem Seil hinunter.

Entstanden ist die Steilküste in der letzten Eiszeit. Abbrüche zeugen von der gewaltigen Kraft der Wellen. Dagegen schützen Buhnen, dänisch *Høfde*. Sie sind über 100 Jahre alt und tragen fortlaufende Buchstaben. Von Høfde E beim Leuchtturm bis zur südlichsten Buhne Høfde Q sind es vier Strandkilometer. Dort wartet eine schöne Stelle zum Baden, bevor es oberhalb der Küste zurückgeht. Wer nicht ganz so lang wandern mag, nimmt nach knapp zwei Kilometern die Kirche von Trans als Turning-Point.

Hans Christian Andersen fand, das Meer hätte sich ins Land gefressen »wie ein Mann mit großen Zähnen, der in ein Stück Smørrebrød beißt«.

FAZIT: ALS RADTOUR EIN HOCHGENUSS. ALS WANDERUNG SOGAR NOCH BESSER.

Hin & weg: Mit dem eigenen Auto oder Rad; Parkplatz Transvej, Ferring.

Beste Zeit: Frühling und Herbst; im Sommer kann's voll werden.

Dauer: Gute 3 Std. für 12 km. Dazu kommen noch Besichtigungen und Pausen.

Ausrüstung: Hiking-Schuhe und viel, viel Wasser.

GRENZEN-LOS

... in Rudbøl / Rosenkranz

#22

Komische Frage: Wer reist nach Dänemark, um sich in Deutschland rumzutrei-
ben? Erstaunliche Antwort: All jene, die
Radtouren, Spaziergänge, Wassersport,
Kunst und Gärten mögen und die deutsch-
dänische Freundschaft feiern.

Im Garten von Seebüll unter dem typischen Noldehimmel haben Ada und Emil ihre Ruhe gefunden.

Am südlichen Ufer heißt er Ruttebüller See, am nördlichen Rudbøl Sø. Die Grenze verläuft mitten durch das Gewässer. Der Grænsekro auf der dänischen Seite der Brücke liegt ebenso unter Reet wie der Grenzkrug auf der deutschen. Die Gastwirtschaften sind viel älter als die heutige Grenze, deren Verlauf sich über die Jahrhunderte immer wieder verschob.

Als Emil Nolde im Sommer 1910 seine Ferien am See genoss, gab es hier gerade mal keine; sie wurde erst nach der Volksabstimmung von 1920 gezogen. Seitdem gehört auch der Geburtsort des Malers, Nolde in der Nähe von Tondern, zu Dänemark. Der Expressionist der Extraklasse verkörpert wie kein Zweiter die komplexe Geschichte der Gegend. Der überzeugte Deutsch-Nationalsozialist blieb sein Leben lang dänischer Staatsbürger. Das kann

man ebenso wenig in den Kopf kriegen wie die Tatsache, dass ein einfühlsamer Künstler wie Nolde gleichzeitig Antisemit war.

Vom Rosenkranzer Weg mäandert der Nolde-Weg durch Wiesen und Felder nach Seebüll. Dort ließ sich der Maler mit seiner Frau Ada 1927 nieder. Das von ihm selbst entworfene Wohn- und Atelierhaus gilt als herausragen-

Hin & weg: Bahn bis nach Klanxbüll, von dort 8 km mit dem Rad oder weiter mit Buslinie R110 bis Nolde Museum.

Beste Zeit: März–September.

Dauer: 1 Tag.

Ausrüstung: Karten und GPS-Daten für tolle Radtouren gibt es unter www.wiedingharder-info zentrum.de

Seebüllchen heißt die kleine Laube unter Reet, in der der Maler und seine Frau gern Tee tranken.

des Künstlerrefugium der Moderne. In ihrem Testament verfügten die Noldes, es möge »Suchende[n], geistige[n] Wanderer[n] aus allen Landen« zugänglich gemacht werden, damit sie hier »etwas Glück und und künstlerisch-geistige Erholung« finden. Als das Anwesen 1957 in ein Museum (www.nolde-stiftung.de) umgewandelt wurde, verdrängte man in Deutschland noch Noldes dunkle Seite. Heute wird sie in der Ausstellung explizit thematisiert.

In starkem Kontrast dazu steht der wunderbar bunte Garten mit dem reetgedeckten Gartenhaus Seebüllchen. Die Beete formen die Buchstaben A und E für Ada und Emil. »Gar niemand sah in diesen Fußwegen mit ihren Rabatten daneben, was es eigentlich sei. Wir sagten es niemandem«, schrieb Nolde. Etwas versteckt befindet sich auch die letzte Ruhestätte des Paares. Ein Botanikum erhält die ursprüngliche Bepflanzung. Nachzuchten der Renette von Seebüll, der Nolde-Rose und viele andere Gewächse werden zum Kauf angeboten.

Vom Wohn- und Atelierhaus im Bauhausstil kann man einen kleinen See mit sandigen Buchten sehen, der über einen Wiesenpfad schnell erreicht ist. Dort öffnet in den Sommermonaten ein mobiler Kanu- und SUP-Verleih. So kann man unter Noldes grenzenlosem Himmel paddeln. Wer mag, sogar direkt bis zu seinem Geburtshaus.

FAZIT: EIN AUSFLUG WIE EIN SELBSTGE-PFLÜCKTER BUNTER FRÜHLINGSSTRAUß.

HIGHLIGHTS FÜR NORD-LICHTER

 ⋝ ... in Thyborøn ⋜

#23

Ist eine Stadt ringsum von Wasser umge-ben, gleicht kein Tag dem anderen. Das Leben richtet sich nach Wind und Wetter. Darauf ist kaum ein Ort so gut vorbereitet wie Thyborøn. Also nicht planen, sondern einfach genießen, was der nördlichste Zipfel des Südwestens heute zu bieten hat.

Das Zentrum von Thyborøn liegt am Hafen. Eisbuden und Foodtrucks gruppieren sich direkt am Kai. In den Fiske-hallen, mit Restaurant, Hafenkneipe und Fischladen, findet jeden Morgen die Fischauktion statt.

Ach, wenn doch niemals Sommer werden müsste. Wenn die Luft doch immer so klar bliebe, der Himmel so tiefblau, das Treiben so

entspannt wie in Thyborøn an einem warmen Frühlingstag. Und wenn man doch bloß jeden Tag endlos beim Kiosk im Hafen darüber nach-sinnen könnte, welche Toppings das allererste Softeis des Jahres krönen sollen. Dann könnte man ewig auf den Treppen neben der roten Holzbude sitzen – wahlweise mit Blick auf den quirligen Hafen oder zum Thyborøn Kanal hin.

Dort liegt der kinderfreundliche Strand. Kie-fernreihen ziehen sich zum Meer und schüt-zen vor Wind und Sandflug. Der Strand wird von einem Promenadenweg begleitet, der etwa beim Gedenkpark der Skagerrakschlacht (www.seawarmuseum.dk/de > Die Gedenk-stätte für die Toten der Skagerrakschlacht) endet. 8645 Skulpturen gruppieren sich zu einem nachdrücklichen Mahnmal in den Dü-

Die Gedenkstätte der Skagerrakschlacht (rechts) gilt als eines der schönsten Landart-Werke Dänemarks.

nen an diesem schräg-schönen Ende der Welt. Während des zweiten Weltkriegs errichteten die Nazis hier die Festung Thyborøn. Etliche Bunker sind noch zu sehen.

Thyborøn markiert die Nordspitze Südwest-Jütlands. Hier brachen Sturmfluten vor 100 Jahren das Land zwischen Limfjord und Nordsee entzwei. Ein Sturmtag im Herbst oder Winter eignet sich perfekt, um die gewaltige Kraft des Meeres zu spüren und Bernstein zu suchen. Garantiert findet man das »Gold des Nordens« in Bjarne Hansens Hobbymuseum Rav Huset (ravaage.dk). Surfen, Taschenkrebsschnorcheln, SUP- und Kajaktouren sind hingegen klassische Sommervergnügen.

Für die Sandsichel gegenüber dem Kanal gibt es allerdings keine bessere Zeit als den Frühling. Denn dort findet man keinen Schatten bei Hitze und keinen Unterstand bei Regen, sondern nichts als die sturmzerzausten Landschaften des Thy-Nationalparks (de.nationalparkthy.dk). Die Fähre pendelt im 40-Minuten-Takt rüber nach Agger Tange. Im unbesetzten Besucherzentrum Svaneholmhus gleich beim Anleger kann man dann schon mal den nächsten Urlaub planen; in Jütlands Norden dann.

Sind Kinder mit von der Partie, ist zu jeder Jahreszeit das JyllandsAkvariet (jyllandsakvariet.dk/de) ein Muss. Schließlich, das wissen alle kleinen Persönlichkeiten der Welt, gibt es kein Wetter, bei dem man nicht Haie und Rochen streicheln möchte.

FAZIT: BEI REGEN ODER SONNENSCHEIN — THYBORØN GEHT IMMER.

Hin & weg: Mit der Bahn, z. B. von Lemvig bis Thyborøn St.

Beste Zeit: Sommer, Herbst und Winter. Aber das Größte ist der Frühling.

Dauer: Halber – ganzer Tag.

Ausrüstung: Knoten im Taschentuch für Eskapade #11.

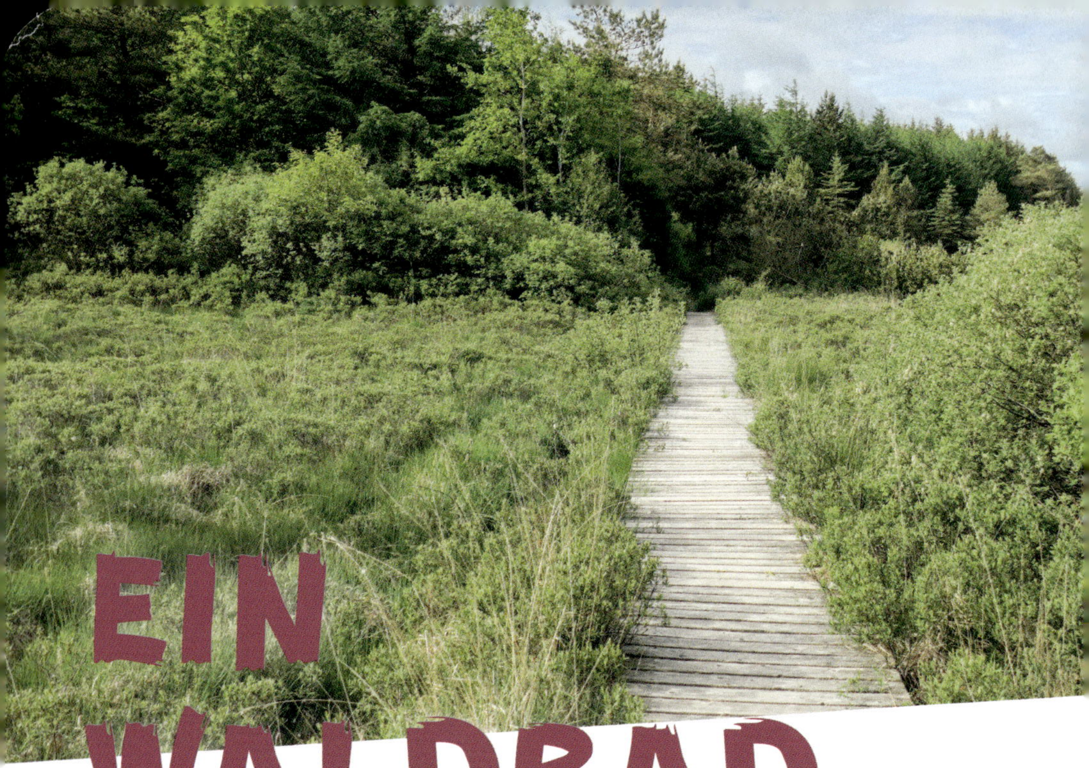

EIN WALDBAD

... in Klosterheden

#24

Der größte Biberbestand Dänemarks, eine der größten Rotwildherden des Landes, zudem Otter, Dachse, Füchse, Waldrinder, Seeadler, Eisvögel. Sogar Wölfe soll man in der Klosterheden Plantage zu sehen bekommen. Und wenn nicht? Macht das gar nichts.

#BadimGrünen #Frühlingserwachen #HolladieWaldfeen #Bæver:Biber

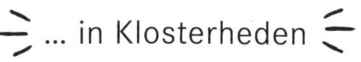

Grün, grün, grün sind
Klosterhedens Pfade.

Es heißt, die Chance auf eine Bibersichtung sei am Ufer des Møllesøen am größten. Vor allem am Abend und in den frühen Morgenstunden ließen die Tiere sich blicken. Aber falls man sich nun tatsächlich an einem Frühlingsmorgen aus dem Bett gequält hat und weder Biberdämme noch Bäume in Sanduhrenoptik und schon gar keine Biber entdeckt, ist das auch kein Unglück. Zu fröhlich klingt das Gezwitscher der Vögel. Zu munter plätschert der Flyndersø Å über Stock und Stein. Zu aromatisch duftet der Wald – nach Tannen, Wasser und Moos. Da will man lieber eintauchen in das drittgrößte Waldgebiet Dänemarks. Denn *Shinrin yoku*, Baden im Wald, wie die Japaner es nennen, wirkt eben nicht nur auf die gestresste Großstädterseele wie Balsam, sondern ist auch für vollkommen entspannte Dänemarkreisende eine intensive Erfahrung. Es ist gerade der Kontrast zu Strand, Meer und Dünen, der alle Sinne und das Bewusstsein für Farben und Klänge schärft.

18 gut ausgeschilderte Wanderrouten unterschiedlicher Länge führen durch die Klosterheden Plantage. Sechs von ihnen starten und enden am Møllesøen. Beim Sanitärgebäude hilft eine Übersichtskarte bei der Planung. Man könnte zwei, drei, vier oder alle Touren zu einer langen Tageswanderung kombinieren. Oder sich zunächst nur eine vornehmen, vielleicht die rote.

Sie führt als Ellipse entlang des Flyndersø Å, mal näher dran, mal weiter entfernt, auf fe-

Die Wanderrouten führen über breite Wege und schmale Pfade, durch Blumenwiesen, weite Heideflächen und sumpfige Abschnitte an Bachufern. Feste Schuhe und Zeckenschutz sind daher gute Ideen.

dernden Pfaden und breiteren Wegen, über Holzstege und kleine Brücken, in dichteren Wald und dann wieder auf sonnenbeschienene Lichtungen. Und da hält man schon gar nicht mehr so zielgerichtet nach Rotwild Ausschau. Zu fröhlich klopfen Spechte in den Bäumen, zu emsig arbeiten Ameisen an ihren Hügeln, zu ausgelassen schwirren Libellen mit schimmernden Flügeln durch die Luft. Zu üppig schießt die Natur ins Kraut. Darunter etliche Pflanzenarten, die auf der Roten Liste stehen.

Klosterheden blüht und grünt und lebt, dass es eine Freude ist. Zurück an den Picknicktischen am Møllesøen, kann man überlegen, wie es weiter geht. Zum Waldspielplatz? Zum verlassenen Flughafen Rom? Auf eine der längsten MTB-Strecken Dänemarks? Oder lieber noch ein Waldbad? Vielleicht auf der blauen Route dieses Mal.

FAZIT: BLÄTTER- STATT MEERESRAU-SCHEN. EIN STARKER KONTRAST.

Hin & weg: Nur mit eigenem PKW erreichbar. Parkplatz am Møllesøen, Klosterheden Plantage.

Beste Zeit: Maigrün im Frühling. Schattenspender im Sommer. Buntes Laub im Herbst und im Winter ab und zu sogar Schnee.

Dauer: Nach Belieben.

Ausrüstung: Proviant, feste Schuhe, Zeckenschutz. Flyer mit allen Routen unter www.naturstyrelsen.dk/media/168773/111 t_klosterheden_021015.pdf

FJORDEN RUNDT

>⁻ ... am Ringkøbing Fjord ⁻<

Der älteste Radweg Dänemarks führt von Ringkøbing nach Søndervig. Seit sich das Land zum Radlerparadies entwickelt hat, ist er auf 100 Kilometer verlängert worden und top für einen rasanten Tagesturn, ein entspanntes Wochenende am Fjord oder sechs tolle Ausflüge.

Hundert Kilometer Waterkant. Auf der Fjordrunde radelt man meist auf unbefestigten, aber gut fahrbaren Wegen ganz dicht am Ufer (oben). Picknickhaus am Surfspot Kloster im Nordwesten des Fjords (unten).

Möglich, dass über die Welt verstreut eine Handvoll Radbegeisterte leben, die sich nicht für die Runde um den Ringkøbing Fjord erwärmen können. Aber viele werden es nicht sein. Denn die 100 Kilometer lange Tour um den größten Küstensee Dänemarks passt sich nicht nur geschmeidig den eigenen Wünschen an. Sie erfüllt auch solche, von denen man gar nicht wusste, dass man sie hat. Daher empfiehlt es sich, zuvor die App Fjorden Rundt zu studieren; wahlweise auch den Flyer, der in den Touristinformationen erhältlich ist. Dann kann man überlegen, ob man auf der ufernahen Piste an einem Tag um den Fjord sausen möchte. Oder lieber genüsslich Etappe für Etappe radelt, gern auf empfohlenen Parallelwegen. So ist das schon beim Start in Hvide Sande. Sportskanonen steigen auf den ersten Kilometern zwischen Fjord und Landstraße in

die Pedale. Die Entspannungsgemeinde folgt dem Nordseeküstenweg durch die Dünen. Man trifft sich am Bagges Dæmning wieder, einem künstlichen Damm über den Fjord, der praktischerweise die nicht ganz so idyllische Bucht bei Søndervig einfach abschneidet. Der Rest ist Fjordrauschen, Schilfgeflüster, Heidestille und pittoreske Etappenziele wie die Kleinstadt Ringkøbing.

Alle Etappen können als Tagesausflüge durchgehen. Zumal die meisten noch um angrenzende Rundtouren ergänzt werden. Und natürlich will man unterwegs auch jede Badestelle testen oder Naturräume erwandern. Etwa das Flussdelta Skjern Enge, wo man sich an Handseilfähren selbst über das Wasser ziehen muss. Tolle Picknickplätze in regelmäßigen Abständen sind ebenso selbst-

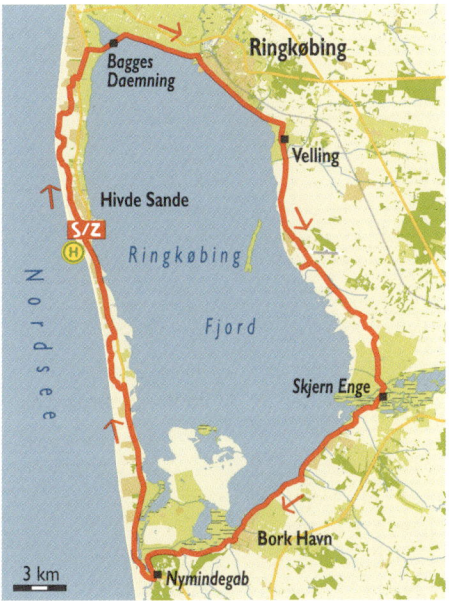

verständlich wie Grillhütten und Radstationen mit Reparaturwerkzeug. Wer Fjorden Rundt als Zwei- oder Dreitages-Abenteuer plant, findet allerorten Shelters (siehe Eskapade #30).

FAZIT: NICHT UMSONST GEHÖRT DIESE STRECKE ZU DEN BELIEBTESTEN FAHRRADTOUREN DÄNEMARKS.

Hin & weg: Zum Start der Etappe 1 in Hvide Sande fährt die Buslinie 580 von Ringkøbing (Haltestelle Hvide Sande Kirke), der Einstieg ist aber überall möglich.

Beste Zeit: Sommer ist einfach die beste Radelzeit.

Dauer & Strecke: Mindestens 1 Tag; je nach Lust und Ausdauer bis zu 100 km.

Ausrüstung: Rad, App Fjorden Rundt.

PRÄDIKAT PREMIUM

≥ ... auf der Husby Kliptplantage Route ≤

#26

Wenn das Expertenteam des Deutschen Wanderinstituts einen dänischen Wanderweg prämiert, darf man durchaus gespannt sein. Auf dieser Tagestour zum Beispiel auf einen Waldsee, einen Strandsee, natürlich die Nordsee, Dünengipfel und Heideflächen.

Wie aus der Zeit gefallen schmiegt sich der kleine Helmklink Havn (siehe Eskapade #6) an den Nissum Fjord. Zwischen Park- und Spielplatz befindet sich eine Infotafel, die einen Überblick über die folgenden gut 15 Kilometer der Extraklasse verschafft. Ausgeschildert ist die Wanderung ganz hervorragend mit einem weißen Pfeil auf blauem Grund. Er leitet am Fjord entlang nach Osten, wo es die Hauptstraße zu überqueren gilt. Jenseits hört man im bewaldeten Naturschutzgebiet schon die

Hin & weg: Parkplatz Hagevej 205, Fjand.

Beste Zeit: Frühling und Herbst.

Dauer & Strecke: Knapp 4 Std. reine Gehzeit für 16 km.

Ausrüstung: Rucksack und Verpflegung, keine Einkehrmöglichkeit.

Weißdünen und Graudünen. Kiefern, Krähenbeere, Kriech-Weide, Besenheide. Und natürlich der Strand. Diese Tour ist der Inbegriff vom Urlaub an der dänischen Nordseeküste.

Nordsee rauschen. Hier sind die Wegweiser auf roten Holzpfählen angebracht.

Am Spidsbjerg Strand schlängelt sich ein Pfad in die Dünen hinauf. Einige von ihnen wandern wie man selbst. Bloß nicht so schnell. Aber auch der eigene Schritt will sich bei der unerhört schönen Aussicht verlangsamen. Mit der ersten Pause sollte man allerdings noch bis zu Marens Maw (Marens Bauch) warten. Der Legende nach erinnerte die Anhöhe einen Waldarbeiter an seine schwangere Frau Maren. Dort oben befindet sich ein Picknickplatz mit Blick auf das Meer einerseits und andererseits den Fjord. Das Meer hinter dem Meer, wie die Dänen sagen.

Weiter geht es auf dem Raketvej, wo die Bäume vor dem ewigen Westwind zu flüchten scheinen. Wenn linker Hand ein See in der Dünenheide funkelt, lohnt ein Abstecher nach Græm Strand. An der 600 Meter langen Klippe Græm Klint lässt sich ablesen, welche Spuren die Eiszeit hinterlassen hat. Dann geht es zurück zu dem flachen Dünensee Skavemose. Er ist für kleinere Kinder oder in kühlen Sommern eine super Badealternative zur Nordsee. Mit der Husby Kliptplantage als Windschutz eignet er sich auch hervorragend als Rastplatz. Von nun an geht es durch das weitläufige Waldgebiet aus vornehmlich Kiefern bis zum Sommerhausgebiet und dem Helmklink Havn am Nissum Fjord.

FAZIT: DAS WANDERN IST DER DÄNEN LUST. KEIN WUNDER!

UUUND ACTION!

⇒ ... auf Rømø ⇐

#27

*Strandsegeln, Landboarding, Windskaten –
nie gehört? Dann mal ab an den Südstrand
der Insel Rømø, wo die seltsamsten
Vehikel über den Sand jagen, gelenkt
von Vollprofis, aber auch Neulingen.
Denn manche Strandsportarten sind ganz
schnell zu erlernen.*

Wattenmeer und Brandungsstrand. Sonnenauf- und untergang. Wer beides will, muss ab auf die Inseln.

Die Wattenmeerinseln Rømø und Fanø rangeln ein wenig darum, wo die besten Strände für Strandsegler und Strandsurfer zu finden sind. Aus deutscher Sicht ein echter Luxuszwist und kaum zu entscheiden.

Nicht nur, dass die Strände beider Inseln zu den internationalen Hot-Spots gehören. Sie sind auch landschaftlich um einiges schöner als etwa das Tempelhofer Feld in Berlin, während die Einsteigerkurse um einiges günstiger ausfallen als in St. Peter-Ording oder auf den Ostfriesischen Inseln.

Trotzdem sind die Kosten keine Kleinigkeit. Mit etwa 50 Euro muss man rechnen. Und da will zuvor natürlich gut überlegt sein, welchem Strandsport man den Vorzug gibt. Aber selbst beim Zusehen bleibt man auf Rømø nicht ge-

Wie so oft gilt: Wenn etwas kinderleicht ist, lernen Kinder es tatsächlich leichter.

rade passiv. Der Sønderstrand ist ewig lang und bis zu vier Kilometer breit. Zudem mit einer natürlichen Badelagune und den Sturmwiesen gesegnet. Doch die kann man beim Strandzugang noch gar nicht ausmachen. Wasser, Sand, Himmel und die Insel Sylt am Horizont scheinen miteinander zu verschwimmen. Ein surrealer Anblick, gerade an heißen Tagen, wenn die Luft flimmert und kuriose Gefährte über die Sandebene rasen.

Kitelandboarder zum Beispiel bringen es auf ihren übergroßen Skateboards leicht auf 50 Stundenkilometer. Sie werden von Drachen gezogen, genau wie Kitebuggys. Gelenkt wird mit den Füßen, eine überaus anspruchsvolle Sache. Windskaten ist deutlich leichter zu lernen. Es gleicht dem Windsurfen, bloß eben am Land. Auf eine viel längere Tradition blicken Strandsegler zurück. Sie sausen schon seit 1600 durch Europa.

Die dreirädrigen Fahrzeuge gibt es in verschiedenen Ausführungen. Der klassische Strandseglertyp für Einsteiger ist das Blokart, eine unverkleidete Rohrkonstruktion. Dabei sitzt man in einer Art Liegestuhl und steuert das Segel mit einem Lenker. Das ist nun wirklich kinderleicht. Schon nach einer kurzen Einweisung, dürfen Zweitklässler den ersten Anfängerparcours absolvieren. Und wer noch nicht zur Schule geht – oder sehr großen Respekt hat – nimmt das Modell mit Sitzen, da können Eltern mitsegeln.

FAZIT: ZUGUCKEN IST FUN. SELBER SURFEN ODER SEGELN NATÜRLICH MORE FUN.

Hin & weg: Hier parkt man direkt auf dem Sønderstrand, Rømø.

Beste Zeit: Ganzjährig möglich, am besten aber im Sommer.

Dauer: Für den Kurs 1 Std., für den Strand mehr als der Tag zählt.

Ausrüstung: Bequeme Sportklamotten.

INSEL-HOPPING

$\succ$ ... zum Sylter Königshafen $\prec$

#28

Der Königshafen von List war einst eine Exklave Dänemarks und noch heute befindet er sich – geografisch gesehen – nördlich der deutschen Grenze. Und das sind nicht die einzigen Gründe für einen Schiffsausflug von Rømø nach Sylt.

Nördlich der nördlichsten Gemeinde Deutschlands befindet sich die nördlichste Landstelle des Landes.

Wandern ist besser als Autofahren. Besonders auf Rømø im Hochsommer. Wer zu Fuß unterwegs ist, muss nämlich keinen Platz auf der Fähre reservieren, sondern kann einfach spontan an Bord spazieren. Vorbei an denen, die in ihren Blechkisten in der ewig langen Schlange sitzen. Das sichert dann auch gleich die besten Plätze; wahlweise auf einer Bank an der Reling oder im geschützten Strandkorb. In jedem Fall aber auf dem offenen Deck. Dort wehen vielleicht chillige Sounds ans Ohr, vielleicht auch was von Rod

Stewart und dann geht es auf große Fahrt – auf die Nachbarinsel Sylt.

Geografisch zählen beide Inseln zu den nordfriesischen. Aber dass sie sich atmosphärisch maximal unterscheiden, kann sich vermutlich sogar denken, wer noch keine von beiden kennt. Im Hochsommer kommen passionierte Dänemarkfans beim Anlegen in List nicht umhin, die armen Leute zu bedauern, die hier ihre Ferien verbringen müssen. Meist herrscht Gedränge und rund um die Buden

von Goschs Fischimperium geht es hektisch statt hyggelig zu.

Allerdings: die Sylter Infrastruktur ist hervorragend. Bis der nächste Bus zum Weststrand fährt, dauert es nur wenige Minuten. Dort beginnt die nördlichste Strandwanderung im ganzen Land; die Umrundung des Ellenbogens. Aber bereits nach der viertelstündigen Fahrt zum Startpunkt weiß man schon, warum Sylt als die Königin der Nordfriesischen Inseln gilt.

Wer nicht mit dem Bus, sondern zu Fuß zum Weststrand strebt, verliebt sich in die atemberaubende Naturschönheit sogar noch schneller. Einfach an der Wasserkante nordwärts gelaufen, wird es gleich hinter der Erlebnisausstellung Naturgewalten deutlich weniger

eng. Dann gibt es nur noch den Deich, die Dünen und das Meer. Dadurch erhöht sich die ohnehin ausgedehnte Tour allerdings um fünf Kilometer. Es ist also eine gute Idee, den Zubringer nur einmal einzuplanen - entweder auf dem Hin- oder dem Rückweg.

***

Hin & weg: Syltfähre von Havneby, Rømø.

Beste Zeit: Lange Sommertage.

Dauer: Von Sonnenauf- bis -untergang. Davon 45 min für die Fähre und gut 4 Std. reine Gehzeit für 17,5 km ab Hafen List. Reine Umwanderung Ellenbogen 13,5 km ab/bis Weststrand.

Ausrüstung: Proviant. Der Ellenbogen ist einer der ganz wenigen Sylter Spots ohne Sterne-Restaurant. Nicht einmal einen Kiosk findet man dort! Eine Uhr kann auch nicht schaden. Nicht, dass man sich mit der Fähre vertut.

***

Auf den Inseln zeigt sich das Wattenmeer facettenreicher als an der Festlandküste. Naturschatz Königshafen (links). Die Fähre scheint über Sand zu gleiten (oben). Sandwatt bei List (unten links).

Die Tour zur Nordspitze zählt zu den Klassikern auf Sylt. Die meisten absolvieren sie mit dem Rad. Anders als Autos dürfen Radler mautfrei durch das Listland düsen. Aber in seiner ganzen Herrlichkeit erlebt den Ellenbogen nur, wer ihn zu Fuß erobert. Die Richtung gibt der Wind vor. An der Brandungsseite hat man ihn besser im Rücken. Auf der sanfteren Wattseite entlang des Königshafens darf er gern von vorn ins Gesicht wehen. Dort teilt man die Landschaft mit Vogelschwärmen und grasenden Schafen. Da machen sich glatt dänische

Gefühle breit. Man ist ja auch fast da. Von der Ellenbogenspitze ist der Strand von Rømø nur vier Kilometer entfernt.

FAZIT: DIE STRÄNDE SIND IMMER BREITER AUF DER ANDEREN SEITE? NA DANN MAL RÜBER DA!

WILDER WESTEN

⊰ … auf Skallingen ⊱

#29

Strömung und Wind schufen vor 400 Jahren die Nehrung Skallingen. Bis heute ist die Halbinsel in Bewegung und niemand versucht, etwas daran zu ändern. Hier kann man bis nach Sibirien wandern, an einsamen Stränden baden, Tiere beobachten oder Bernstein suchen.

Eine alte Militärpiste zieht sich vom Waldrand etwa fünf Kilometer durch die Heidelandschaft bis zur alten Rettungsstation. In den Salzwiesen zur linken und den Dünen zur rechten Hand weiden Pferde und Rinder. Rund 600 Tiere verbringen den Sommer auf Skallingen; betreut von einem echten Cowboy. Was nicht zu seinen Aufgaben gehört, ist Zäune ziehen. Die Kühe leben frei auf der Halbinsel. Manchmal muss man warten, bis eine Gruppe die Straße in aller Seelenruhe überquert hat. Und falls man zu den Menschen gehört, die so etwas glücklich macht, ist die Wildnis zwischen Wattenmeer und offener Nordsee ein wahres Eldorado.

Wer kann, kommt gleich zu Pferd. Strandausritte bietet etwa die Stutteri Vestmose in Ho an. Drahtesel funktionieren natürlich auch. Sogar Autos dürfen bis zur alten Rettungssta-

tion schleichen. Von dort geht es dann aber nur noch aus eigener Kraft weiter. Ein einziger Trampelpfad schickt nach »Sibirien hin und zurück«, so heißt die gut sieben Kilometer lange Rundwanderung um die Inselspitze. Mit Mountainbikes ist das durchaus zu machen. Normale Tourenräder streiken am Traumstrand, der selbst im August genügend Ruhe und Weite bietet, dass Robben in der Sonne ruhen. Eine

---

Hin & weg: Idealweise mit dem Rad. Falls das Auto unbedingt mitmuss, kann man die beiden Parkplätze auf der Halbinsel nicht verfehlen.

Beste Zeit: Ganzjährig großartig, im Sommer eine super Möglichkeit, dem Trubel von Blåvand zu entkommen.

Dauer: Halber bis ganzer Tag.

Equipment: Picknick, Badesachen, Fernglas.

Skallingens Strand ist 15 Kilometer lang und wie die gesamte Halbinsel vollkommen naturbelassen.

Sichtungsgarantie gibt es zwar nicht, doch es reicht schon, von Möwen und Meereslerchen umschwärmt zu werden, um sich als Teil der Natur zu fühlen.

Nicht empfehlenswert ist der Ausflug für Menschen, die sich vor Wind, Wetter und speziell Regenschauern fürchten. Es findet sich kaum ein Unterstand auf Skallingen, kein Baum, kein Strauch. Wer nicht aus Zucker ist, unternimmt den Ausflug aber vielleicht gerade bei Regen. Dann kann man den Ofen in der einsamen Rettungsstation entfachen und das Wildwestgefühl ist perfekt.

FAZIT: WER DIE REINE NATUR LIEBT, SCHLIEẞT SKALLINGEN TIEF INS HERZ.

PLATZ ZUM TRÄUMEN

⊰ ... am Ferring Sø ⊱

#30

Es heißt immer wieder, Urlaub in Skandinavien sei teuer. In Wahrheit ist er sogar unbezahlbar. Das hat aber wenig mit dem Kronenstand auf dem Konto zu tun. Denn die besten Dinge Dänemarks kosten rein gar nichts. Das versteht man auf dieser Wanderung um den Ferring Sø.

Nur eine schmale Dünenkette trennt den Sø von der See.

Vom Strandparkplatz in Vejlby Klit sind es vielleicht 50 Schritte bis zum Meer. Tut man 100 in die andere Richtung, steht man am See. Dieses unmittelbare Zusammentreffen von zwei gänzlich unterschiedlichen Landschaftsformen – windzerzauste Dünen im Westen und im Osten die fruchtbaren, steilen Hänge der alten Küstenlinie – ist selbst für dänische Verhältnisse beeindruckend. Und das Beste ist der Rundwanderweg um den Ferring Sø. Er ist kurz genug für einen Nachmittagsausflug und ausreichend lang, um sich zwei Tage von der Zivilisation zu verabschieden. Dafür will der Rucksack gut gepackt sein. Einkaufsmöglichkeiten gibt es nicht.

Knapp zehn Kilometer lang, mit gelber Markierung beschildert, windet der Weg sich dicht am Ufer entlang. Dass es nicht langweilig wird, dafür sorgen knifflige Bachüberquerungen, sumpfige Abschnitte, sanfte An- und Abstiege, durchgehend großartiger Weitblick sowie die Tatsache, dass der Pfad manchmal kaum zu erkennen ist.

Zwar wandern Dänen ausgesprochen gern, aber es gibt eben derart viele Traumtouren, dass kaum ein Weg ausgetreten scheint. Schon gar nicht, wenn es über wilde Weiden geht, wo Schafe und Pferde die Köpfe nach Wanderern drehen. Und wer mal erlebt hat, wie sich eine ganze Kuhherde zur Begrüßung in Bewegung setzt, empfindet fortan großen Respekt vor den Tieren.

Nach etwa zwei Drittel der Strecke ist Ferring erreicht, wo am Seeufer ein fabelhaft einsa-

Ein Ort zum Bleiben: Naturlagerplatz am Ferring Sø.

mer Picknickplatz mit Tischen, Bänken, Stein-grill und zwei Übernachtungshütten wartet. *Shelters* werden die einfachen Unterstände genannt, die überall im Land auf Abenteuerlustige warten. Hier darf man bis zu zwei Nächte kostenlos campieren, solange man alles unterlässt, was Lärm macht oder die Natur schädigt. Duschen gibt es nicht.

Doch die Nordsee rauscht gleich hinter dem Dünenkamm. Auf ihm verläuft ein spektakulärer Radweg. Er ist Teil des Nordseeküsten-Radwegs von Rudbøl nach Skagen. Welche Weltenbummler würden nicht davon träumen, einmal die 560 Kilometer lange Vestkysten-route zu absolvieren. Die verbleibenden Wanderkilometer am Ufer des Ferring Sø zurück zum Ausgangspunkt und in die Zivilisation sind schon mal ein guter Anfang.

FAZIT: AUF DIESER FEINEN WANDERUNG FÜLLT SICH DIE BUCKETLIST MIT MÖGLICHEN MIKRO-ABENTEUERN.

Hin & weg: Mit der Bahn von Lemvig bis Strande St. Mit dem Auto am besten bis zum Parkplatz in Vejlby Klit.

Beste Zeit: Hochsommer.

Dauer & Strecke: Reine Gehzeit 2,5 Std. für 9,5 km.

Ausrüstung: Lange Hosen und wasserfeste Schuhe, Badesachen für den Strand, Verpflegung und im Fall einer Übernachtung Schlafsack, Isomatte und Holz.

BOTANISCHE WUNDER

 ... am Filsø

Die Highlights im Naturraum Filsø erfährt man ideal auf einer Radwanderung. Manchmal muss man nämlich etwas Strecke auf Stichwegen machen, um das nächste natürliche Wunder zu erreichen, das sich dann am besten zu Fuß erkunden lässt.

Ein zwei Kilometer langer Damm zieht sich durch einen der artenreichsten Seen Dänemarks.

Baldelia Repens. Weißlich-rosa Blüten mit gelber Mitte. Kugelige Früchte. Lange Blütezeit. 1975 wurde sie zuletzt in Dänemark dokumentiert, dann lange nicht gesehen und nun ist sie wieder da. Genau wie 59 andere Wasserpflanzen, darunter viele stark gefährdete Arten, die sich so richtig wohlfühlen am Filsø. Er war einmal der zweitgrößte See Dänemarks. Über Jahrzehnte intensiver landwirtschaftlicher Nutzung unterworfen, schrumpfte er zu einem traurigen Restgewässer zusammen. Seit eine Stiftung im Jahr 2011 mit der Renaturierung loslegte, darf er sich wieder ausdehnen.

Die Natur hat das ausgesprochen dankbar angenommen. Mit der Artenvielfalt ist auch die Vogelwelt in großen Schwärmen zurückgekehrt, Otter haben sich in Feuchtgebieten eingerichtet und Rotwild streift durch das Röhricht. Beim Wanderparkplatz Petersholm informieren Objekttafeln über das Projekt. Mit Grillmöglichkeit und Picknickplätzen ein guter Ausgangspunkt für eine Radwanderung zu den Aussichtspunkten am Seeufer.

Zum Pflichtprogramm gehört auf jeden Fall der Damm quer durch den See und die nahe-

gelegene Ellipsenbrücke. Ob man dann noch dem Wiesenpfad zum großen Vogelbeobachtungsturm folgt oder sogar noch weiter zur Kirkeby-Aussichtsplattform, entscheiden Lust, Laune und Regenwahrscheinlichkeit.

Auf jeden Fall sollte man noch etwas Luft lassen für die versandeten Eichen in der Kærgård Kliptplantage. Was aussieht wie Gestrüpp oder Bodendecker, sind in Wahrheit Baumkronen. Meterhoch von Sand bedeckt, wachsen

Infotafeln und Übersichtskarten, Picknick- und Grillplätze, sanitäre Einrichtungen und kein Kiosk machen das Naturschutzgebiet zum Top-Ausflugsziel.

die Bäume einfach weiter. Dafür vom Wanderparkplatz Petersholm nur die Straßenseite wechseln. Dort starten zwei Rundwege. Die rote Tour ist mit 1,9 Kilometern für einen kleinen Spaziergang gut. Die gelbe 4,4 Kilometer lange Runde ist auf Schotterwegen auch mit dem Rad zu befahren und führt zur Aussichtsdüne Gråmuljeberg.

Hier schließt sich der Kærgård Strandsti an. Er führt 2,8 Kilometer durch die Dünen zum Strand und passiert eine Infohütte, wo einer der größten Naturskandale der dänischen Geschichte thematisiert wird. Boden und Grundwasser sind durch die Lagerung von medizinischem Abfall stark kontaminiert. 17 Jahre lang wurden im Durchschnitt jeden Tag zwei Tanklaster toxischer Abwässer in die Dünen gekippt. Es wird noch eine ganze Weile dauern, bis die verschmutzte Erde abgetragen ist. Aber immerhin darf man – nach 56 Jahren Betretungsverbot – seit 2019 wieder an den Strand.

Hin & weg: Wanderparkplatz Petersholm Tårnet.

Beste Zeit: Mai–Oktober.

Dauer & Strecke: Tagesausflug für gut 25 km.

Ausrüstung: Rad, Picknick (keine Einkehrmöglichkeit vor Ort).

FAZIT: EINFACH TOLL, WELCHE ENORMEN HEILKRÄFTE DIE NATUR ENTWICKELT, WENN MAN SIE NUR EIN KLEIN WENIG UNTERSTÜTZT ODER IN RUHE LÄSST.

EINE INSEL MIT ZWEI BERGEN ...

... auf Furs Toptrails

#32

Wer beim Essen oder auf Ausflügen dazu neigt, sich das Beste für den genüsslichen Schluss aufzuheben, sollte auf Fur eine Ausnahme machen und mit den Highlights starten. Gut möglich nämlich, dass man an der hinreißenden Nordküste den ganzen Tag verweilen will.

Hektik verträgt sich nicht mit dem besonderen Zauber, der Inseln zu eigen ist. Das stellt Tagesgäste auf Fur vor ein gewaltiges Dilemma. Man spürt es schon auf der dreiminütigen Passage über den Fursund. Dabei erahnt man im flachen Süden noch nicht einmal ansatz-

weise, wo man da eigentlich angelandet ist. Bloß ein weiterer hyggeliger Inselhafen im Limfjord, in dem man zu gern einfach sitzen bleiben möchte. Doch das sollte man sich für später aufheben. Falls es dann noch in diesen Ausflug passt. Es könnte genauso geschehen,

Die Nordküste wirkt schroff, beinahe archaisch (links).
Aussichtsplattform über einem Molergraben (rechts).

dass man sich irgendwo auf Fur verliert. Vielleicht schon auf der ersten von zwei unbedingten Rundwanderungen.

Der erste Toptrail startet im Nordwesten der Insel, gute fünf Kilometer vom Hafen entfernt. Wer ohne eigenes Auto anreist, findet einen Radverleih bei der Touristinformation. Doch mit zwei Rädern sind zwei Wanderungen möglicherweise eine zu viel. Besser man konzentriert sich dann auf eine Tour. Zum Wanderparkplatz Anshede radelt es sich schnell immer am Wasser entlang. Dort zieht sich ein ausgeschilderter Naturpfad parallel zum Strand, idyllisch zunächst, dann bald hinauf auf die spektakuläre Steilküste aus vulkanischer Asche und fossilen Algen- und Lehmablagerungen (siehe Eskapade #7). Dicht an der Abbruchkante geht es auf den 30 Meter hohen Knudeklint, Knotenfelsen, einen Anwärter auf die Liste des UNESCO-Weltnaturerbes. Nahe dem höchsten Punkt schwebt ein Aussichtsbalkon über einem Molergraben. Hier führt eine Abkürzung zum Fyr Bryghus. Wer die Brauerei erst nach der vollen Runde ansteuert, kommt auf knapp sechs Kilometer. Ein inseleignes Bier müsste man ja eigentlich schon probieren. Doch ist es bedauerlicherweise nicht das richtige Getränk auf einem Tagesausflug. Dennoch lohnt die Einkehr in dem roten Holzgebäude aus den 1920er-Jahren. Essen kann man in der früheren Fabrik auch gut. So kann es gestärkt auf den zweiten Toptrail im Nordosten der Insel gehen.

Die Runde durch die Erosionsschluchten von Langstedhuller ist wohlmöglich noch imposanter, der Blick auf den Limfjord noch schöner. In die Klippen kuscheln sich versteckte Picknickplätze und Ruhebänke mit grandiosem Ausblick auf die für Dänemark ungewöhnlich liebliche Landschaft. So wächst der Wunsch, länger zu bleiben, ins Unermessliche. Mehr zu einem Mini-Urlaub daher in Eskapade #46.

FAZIT: DIE SCHÖNSTEN STELLEN DER SCHÖNSTEN INSEL DÄNEMARKS ZUR SCHÖNSTEN JAHRESZEIT.

Hin & weg: Buslinie 420 ab Skive direkt auf die Insel. Autofahrer nehmen die Fähre in Branden. Sie pendelt im Minutentakt über den Sund.

Beste Zeit: Frühling und Sommer.

Dauer & Strecke: Rote Route, etwa 2 Std. für 6 km. Gelbe Route, etwa 1 Std. für 3,5 km. Ohne Pausen, Badestopps, Fossilensuche oder Einkehr.

Ausrüstung: Wasserflasche, feste Schuhe.

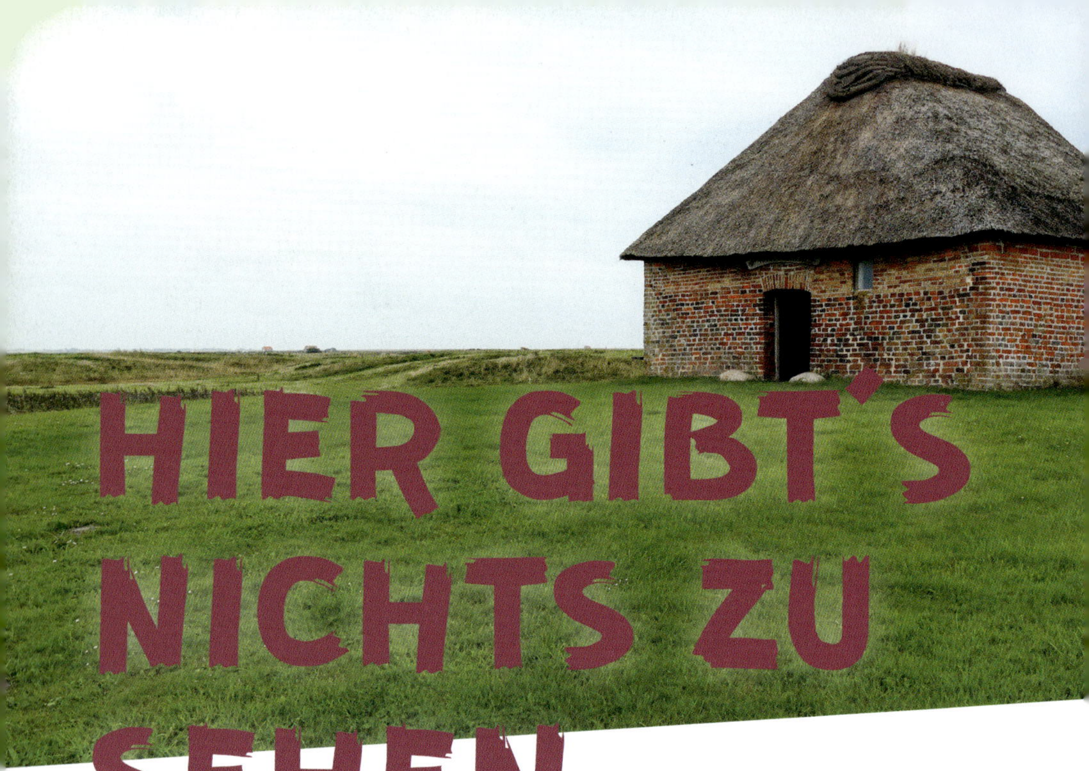

HIER GIBT'S NICHTS ZU SEHEN

... in den Wiesen von Ballum

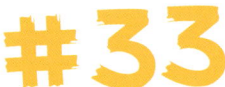

#33

Bei bedecktem Himmel kann das Marschland am Wattenmeer reizlos scheinen, beinahe abweisend. Wer sich aber in die Wiesen schlägt und über die Deiche rollt, verschmilzt mit der Landschaft, während die Seele in der unendlichen Weite zur Ruhe kommt.

#unfassbarstillundunendlichweit #BallumistnichtBerlin #Marsk:Marsch

Wo sich Marschmann und Hase
»Gute Nacht« sagen.

Zum Aussichtspunkt am Rømø-Damm sind es von der Kleinstadt Skaerbæk rund fünf Kilometer. Etwa 15 radelt man vom Strand in Lakolk. Wer aus Ribe kommt, hat gute 20 Kilometer auf dem Tacho und für die 30 Kilometer von Tøndern braucht man an windstillen Tagen auch nicht viel länger. Denn durch die platte Marsch rollen die Räder wie von selbst.

Da nimmt man es dann auch nicht besonders schwer, wenn am Ziel im Grunde gar nichts ist. Bloß eine Betonstufe im Deich und der Damm selbst; der sich als schnurgerade Asphaltpiste fast zehn Kilometer durchs Meer auf die Insel

zieht. Wobei das Meer ja auch nicht immer da ist. Fifty-fifty stehen die Chancen zwischen Ebbe und Flut, zwischen Watt- oder Wasserfläche. Doch auch das spielt keine Rolle. Ohne Sonnenstrahlen wirkt beides gleichermaßen unspektakulär.

Bis zum Bau des Damms 1939 war hier noch weniger zu sehen. Damals legte die Fähre von der Ballum-Schleuse ab, drei Kilometer den Deich hinunter. Auf dem Begleitweg kann man sich schon mal wie der letzte Mensch auf der Welt fühlen. Mit 29 Einwohnern pro Quadratkilometer ist die Kommune Tøndern ohnehin

nicht Berlin (wo man es auf 4108 Einwohner pro Quadratkilometer bringt), aber in den Ballumwiesen ist das Land nochmal leerer, nahezu unbewohnt. Nur an Spätsommerabenden, wenn riesige Starenschwärme den Himmel verdunkeln, wird die Gegend zum beliebten Ausflugsziel. Sort Sol, Schwarze Sonne, wird das Schauspiel genannt.

Bei der Schleuse aus dem ersten Weltkrieg entwässert die Brede Å in die Nordsee. Sie wird von einer Stichstraße zum Ballum Slusekro (www.ballumslusekro.dk) begleitet. Das gemütliche Gasthaus lohnt die Einkehr. Für den vorherigen Abstecher lässt man die Räder am besten hier stehen. Es geht etwa 500 Meter die Landstraße hinauf bis zu einem Miniaturmuseum und zwei ebenso kleinen Bewässerungsmühlen. Die liebevolle Ausstellung

ist kostenfrei. Hinter den Mühlen leitet eine Brücke auf einen knapp zwei Kilometer langen Pfad durch die Ballum-Wiesen zum Marschmannhaus. Es ist ein Wiederaufbau; das Original genauso verschwunden wie das alte Dorf Misthusum. Über die Jahrhunderte immer wieder schwer von Sturmfluten getroffen, gab die letzte Familie 1814 auf. In der Ferne ist der Marschturm zu sehen (siehe Eskapade #14). Über den Svorene Vej, den geschworenen

---

Hin & weg: Bahn bis Skærbæk. Von hier oder sonst irgendwo in Tøndern mit dem Rad zum Aussichtspunkt am Rømø-Damm.

Beste Zeit: Sommermonate bei Windstille.

Dauer & Strecke: Ein halber Tag vor Ort, den Rest für die An- und Abreise mit dem Rad.

Ausrüstung: Rad, Fernglas zum Vogelkiek.

Nur der Wind in den Wiesen: über eine kleine Brücke geht es in die grandiose Einsamkeit der Marsch.

Weg, wäre die Touristenattraktion rasch zu erreichen. Doch damit wäre die ganze schöne Einsamkeit dahin.

Besser passt, in die andere Richtung zu radeln. Vom Slusekro, wo die Räder warten, sind es etwa fünf Kilometer nach Vesterende Ballum. Dort führt von der sehenswerten Kirche ein 3,5 Kilometer langer gut markierter Wanderweg durch das Dorf und in die Marsch, deren Schönheit man erst sehen kann, wenn man sie einmal gefühlt hat.

FAZIT: SPEKTAKULÄR UNSPEKTAKULÄRE RADWANDERUNG. DER TAGESAUSFLUG WIRD KOMPLETTIERT DURCH DIE UNAUFGEREGTE ANREISE.

HOPP ON AND OFF

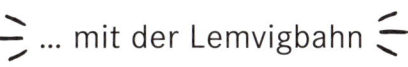

⋝ ... mit der Lemvigbahn ⋞

#34

Man sitzt bequem, schaut entspannt aus dem Fenster, draußen gleitet die Landschaft vorbei. Und wenn man dort etwas Interessantes entdeckt, steigt man bei der nächsten Milchkanne einfach aus. Mit einem Ticket für die Lemvigbahn wird ein Tagesausflug zur Urlaubsreise.

Noch geheimer als Gleis 9¾ am Bahnhof Kings Cross ist möglicherweise Gleis 1 der Victoria Street Station. Jedenfalls kann am Haltepunkt in Vejlby Klit nicht von Gedränge gesprochen werden. Dabei lacht die Sonne am wolkenlosen Himmel und über den Victoriavej erreichen Reisende den Strand nach 500 Metern. Ein Badestopp bis zur nächsten Bahn ist also allemal drin. Im Sommer wird die Strecke im Stundentakt bedient. Die 60 Minuten reichen ebenso aus, um am Wellensaum bis zur nächsten Haltestelle zu laufen. Sie befindet sich im Ferienhausgebiet Vrist, etwa drei Kilometer entfernt. Auch diese Bedarfshaltestelle entpuppt sich als rotes Holzhäuschen ganz dicht am Meer. Auch hier muss per Knopfdruck ein Signal betätigt werden, wenn man zusteigen möchte. Zwar ist die Lage für passionierte Eisenbahnfans in Jütland grundsätzlich kompliziert, aber wenn es denn mal eine Bahnlinie gibt, dann ist sie toll. Allen voran die längste Privatstrecke Dänemarks. Nicht umsonst landete die Band Tørfisk (Stockfisch) einen echten Hit mit dem Song VLTJ, nach der offiziellen Bezeichnung Vemb-Lemvig-Thyborøn-Jernbane.

Etwa 1,5 Stunden braucht die Bahn vom Nissumfjord über den Limfjord zum Thyborøn-Kanal. Ob Kultur-Highlights wie das Herrenhaus Nørre Vossborg bei Vemb, die Hügelgräber Rammedige bei Ramme, die vielfältigen Museen von Lemvig, Naturerlebnisse auf der Landzunge Harboøre Tange oder Hafentrubel und Touristenattraktionen in Thyborøn – mit der Lemvigbahn kann man einfach alles erreichen und für jedes Wetter die perfekte Tour zusammenstellen.

Von der Stadt an den Strand, von den Dünen ins Hügelland zockelt die Lemvigbahn durch den Sommer.

Wer dann noch das Rad mit auf die Reise nimmt, es kostet nur wenige Kronen, kann im Grunde einen ganzen Urlaub rund um die Strecke planen.

> **FAZIT: HISTORISCHE ZUGSTRECKE MIT ETLICHEN MÖGLICHKEITEN ZUM WANDERN, RADELN, BADEN, SIGHTSEEING ODER UM BLOß IN DIE GEGEND ZU GUCKEN.**

Hin & weg: Alle Stationen unter www.midttrafik.de

Beste Zeit: Ganzjährig; der Winterfahrplan ist allerdings weitmaschig gestrickt.

Dauer: Reine Fahrzeit 1,5 Std.; einfache Strecke.

Ausrüstung: Ticket am besten im Netz besorgen oder per Midttrafik-App.

AUF NATUR- SAFARI

⇒ ... in der Marbæk Plantage ⇐

#35

Im Ursprung meinte das ostafrikanische Wort Safari Reisen jeglicher Art; zum Beispiel auch einen längeren Spaziergang. Gleich sechs davon führen auf Wegen und Pfaden durch den wunderbar vielfältigen Naturraum Marbæk bei Esbjerg. Groß- und Kleinwildsichtungen inklusive.

Auf den ersten Blick sieht es aus wie ein Zug-fahrplan. Auf den zweiten entpuppt es sich je-doch als Zugflugplan. Genauer: Vogelzugplan. Nicht, dass die Reisenden ihn nötig hätten. Zugvögel haben ja ihre eigenen, geheimnisvol-len Methoden, um von Afrika nach Sibirien zu finden. *Birdwatcher* können sich hingegen lan-ge mit dem Studium der Infotafel aufhalten. Zumal an diesem traumschönen Aussichts-punkt über der Ho-Bucht, die das nördliche Ende des Nationalparks Wattenmeer bildet.

Zwölf bis 15 Millionen Vögel nutzen das größte Wattenmeer der Welt als jährliche Drehschei-be, Rastplatz, Brutgebiet oder zur Mauser. Sie kommen in kleinen Schwärmen von nur wenigen Hundert Vögeln. Oder in gewaltigen mit mehreren Hunderttausend. Manche sind auf der Kurzstrecke unterwegs. Graugans und

Bienenschwärme im Küchengarten, Robustrinder am Wegrand – in Myrthue kommt man wilden Tieren nah.

Kiebitz überwintern zum Beispiel in Deutschland oder den Niederlanden. Mittelstreckenflieger wie Eiderente und Austernfischer zieht es ans Mittelmeer, die Adria oder Großbritannien. Knutts und Uferschnepfen gehören zu den absoluten Langstreckenspezialisten. Sie brüten in der Arktis und überwintern in Afrika. Es gehört zum Konzept der Lernorte Myrthuegård (myrthue.esbjerg.dk) und Marbækgård, dass man ins Staunen über Fauna und Flora gerät. Die beiden alten Bauernhöfe sind gute Ausgangspunkte für einen Tag im Erholungsgebiet. Neben kostenfreien Ausstellungen finden sich dort auch Picknick- und Grillplätze, sanitäre Einrichtungen, sowie Infomaterial und Wanderkarten. Sechs Naturpfade zwischen 1,5 und zehn Kilometern Länge führen in die unterschiedlichen Landschaften, entlang von Steilküste und Strand, quer durch die Heide, rund um Seen, rein in den Wald oder zu eisenzeitlichen Siedlungsspuren. Tierbegegnungen sind dabei garantiert.

> **FAZIT: LANDSCHAFTLICH EINZIGARTIG, UNVERZICHTBAR FÜR NATUR- UND TIERSCHUTZ, DIE LETZTE BUCHT DES WATTENMEERS IST EINFACH WUNDERBAR.**

Hin & weg: Mit Auto oder Rad zum Myrthuegård Natur- und Kulturvermittlungszentrum, Myrthuevej 39, Esbjerg.

Beste Zeit: Zur Zeit der großen Vogelzüge, März–Mai und August–Oktober

Dauer: 2 Std.–2 Tage, dann mit Übernachtung in *Shelters*.

Equipment: Wasserfeste Schuhe, Verpflegung.

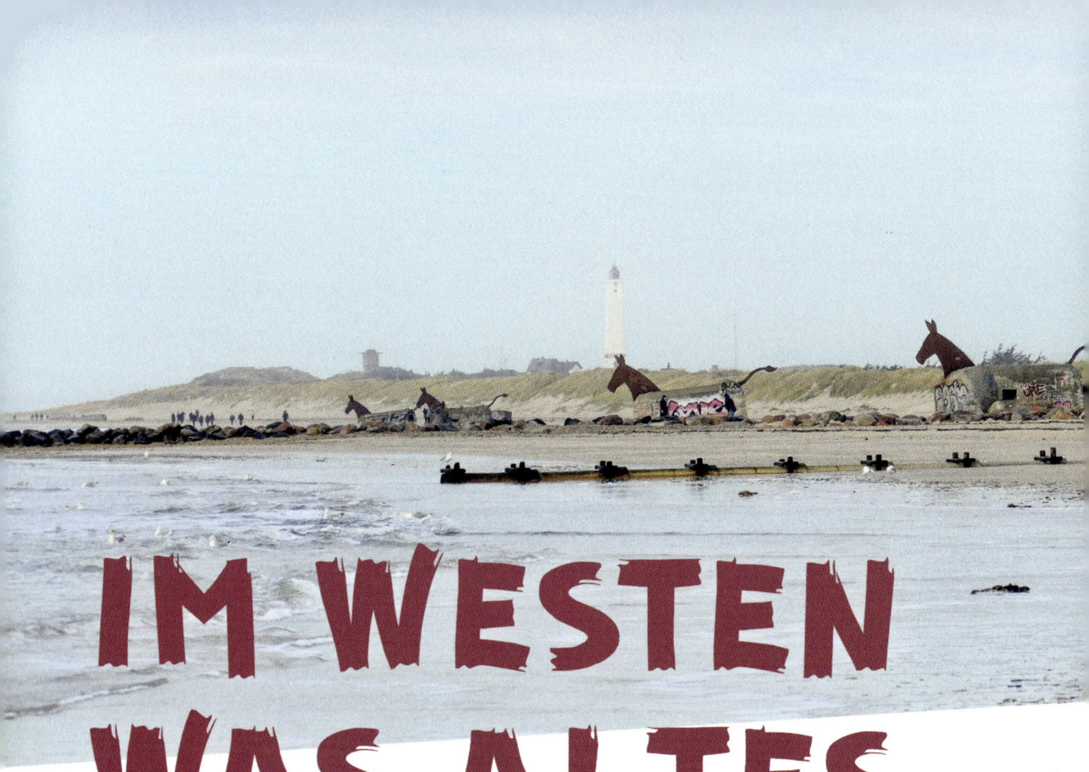

IM WESTEN WAS ALTES

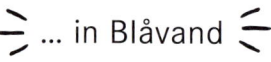

... in Blåvand

#36

Bunker am Strand, Bunker in den Dünen, Bunker als Garage neben dem Ferienhaus – das graue Erbe der Nazis ist an der Westküste allgegenwärtig. Diese Radwanderung in Blåvand führt zu ganz besonderen Exemplaren unter den 1800 Betonmonstern aus dem Zweiten Weltkrieg.

#Bunkertour #Geschichtsbewusstsein #Westpoint #Bunkeren:Bunker

Bunker sollten wie Maultiere sein.
Die können sich nämlich nicht
fortpflanzen.

→ AUSFLUGE ...

Im Juli 1944 begann Nazi-Deutschland in Blåvand mit dem Bau einer der größten Bunker-
anlagen entlang der Westküste Europas: die
Tirpitz-Stellung. Da hatten die Briten schon
längst bunkerbrechende Bomben erfunden
und als reine Propaganda offenbart, was die
NS-Führung der Welt als unüberwindbaren
»Atlantikwall« verkaufen wollte. Am Ende waren es bloß 8119 nutzlose Betonbuden am

Nordseestrand; vom Ärmelkanal bis zur At-
lantikküste, errichtet von Hunderttausenden
Zwangsarbeitern während des Zweiten Weltkriegs auf einer Länge von 2685 Kilometern.

Die Tirpitz-Stellung kam über den Rohbau nie
hinaus. 2017 wurde der Bunker 2 als Museum ausgebaut. Architektonisch spektakulär,
didaktisch unheimlich spannend mit wun-

derbaren Dioramen und Audio-Guide, wird hier nicht nur die Geschichte der deutschen Besatzung erzählt, sondern gleich ein Bilderbogen in 4D über 20000 Jahre gespannt. Zwei bis drei Stunden sollte man sich dafür schon Zeit nehmen. Wer sich den Besuch lieber für einen Regentag aufsparen möchte, benötigt erst einmal nur 45 Minuten, um den Koloss in

den Dünen zu bewundern und in den unterirdischen Teil zu luschern. Vom Museumsdach gelangt man über Dünenpfade zum nicht umgebauten Bunker 1. Er liegt etwa 500 Meter entfernt und kann mittels Leiter und Seil erklettert werden.

Danach geht es mit dem Rad über den Tane Hedevej weiter nach Blåvand. Der extrem beliebte Ferienort ist riesig für dänische Westküstenverhältnisse. Die Einkaufsstraße, die als Zentrum gelten kann, ist nach etwa vier Kilometern erreicht. Aufgrund des Trubels und Gastronomieangeboten wie einem bayerischen Biergarten ist Blåvand nicht jedermanns Sache. Folgt man aber dem Blåvandvej, übernimmt bald wieder grandiose Natur die Hauptrolle. Die Straße leitet direkt zum Leuchtturm von Blåvands Huk. Der Hingucker von 1900 kann ganzjährig bestiegen werden.

Hin & weg: Von Oksbøl Buslinie 140 bis Tane Hedevej v. Tirpitz. Mit dem Auto zum Parkplatz Tirpitz, Tirpitzvej 1, Blåvand.

Beste Zeit: Ganzjährig, in den Sommerferien allerdings enorm trubelig.

Dauer: 3–4 Std. für 20 km, meist geradelt, den Besuch des Tirpitz-Museums nicht mitgerechnet.

Ausrüstung: Fahrrad. Keins im Gepäck? Blåvand-Bike (www.blavandbike.de) betreibt mehrere Bike-Points an der Westküste und liefert die Räder auch kostenfrei ins Ferienhaus.

Die Tour startet auf dem Dach des ultramodernen Museums Tirpitz und endet bei Blåvandshuk Fyr.

Aber auch schon der hochgelegene Aussichtsbunker auf der Landzunge bietet einen tollen Panoramablick. Zwar wird die Schönheit des Leuchtturms aus dieser Perspektive durch einen Flak-Turm beeinträchtigt. Aber unten am Strand sieht man die Nordseewellen auf den westlichsten Punkt Dänemarks zurollen.

Runterhüpfen und hinlaufen? Logisch. Natürlich reihen sich dort auch wieder Bunker. Zwei hat der Künstler Jörg Immendorff verschönert. Die beiden roten Affen mit Pinsel entstanden 1995 im Rahmen der Ausstellung »Die Linie – das Licht, Friedensskulptur« mit 22 internationalen Künstlern anlässlich des 50. Jahrestages der Befreiung Dänemarks am 4. Mai 1945. Im Zuge derselben Ausstellung schuf der britische Künstlers Bill Woodrow seine Maultiere. Die sicher beliebtesten Selfie-Bunker von ganz Dänemark sind auf dem Rückweg über einen kleinen Abstecher auf dem Lille Strandvej zu erreichen.

FAZIT: NACH DIESER RADWANDERUNG SIEHT MAN DIE ALLGEGENWÄRTIGEN BUNKER AM STRAND UND IN DEN DÜNEN MIT ANDEREN AUGEN.

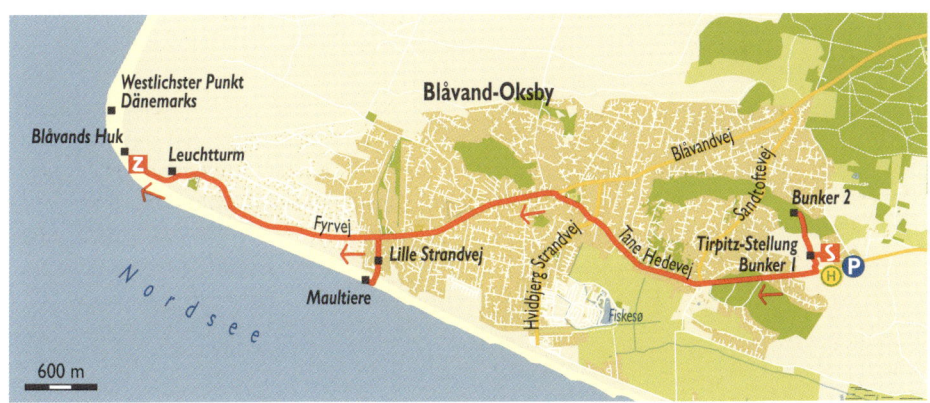

DIE ÜBERS WASSER FLIEGEN

>‑ ... bei Westwind in Årgab ‑<

#37

Die Nordseeküste Dänemarks ist ein Mekka des Kitesurfsports. Kaum ein Strand, an dem man ihn nicht erlernen könnte. Für erste Versuche gilt der Ringkøbing Fjord als beste Adresse. Um die Investition in die eigene Lebensfreude in aller Ruhe zu überdenken, ist es ebenfalls der richtige Ort.

Wer es privater mag: Die Fasssauna kann man sich auch an einen Lieblingsplatz liefern lassen.

Wolken jagen über den Fjord, als hätte jemand das Leben auf doppelte Geschwindigkeit gestellt. Unmöglich zu sagen, ob in der nächsten Minute ein Unwetter hereinbrechen oder die Sonne sich durchkämpfen wird. Wer jetzt darüber nachdenkt, den Ofen im gemütlichen Ferienhaus anzufeuern, ist selber schuld. Denn wenn die Kiter ihre Kunststücke vollführen, muss man nicht mal selbst auf das kabbelige Wasser, um von *good vibrations* erfasst zu werden.

Ein beliebter Spot zum Kiten und Gucken ist die Westwind Syd Surfschool (de.westwind.dk > Lokations > Westwind Hvide Sande Syd). Das markante rote Holzgebäude im Ferienhausgebiet Årgab vor den Toren Hvide Sandes ist nicht zu übersehen; das dazugehörige Café ein Logenplatz, um dem bunten

Treiben auf dem Fjord zuzuschauen. Am besten, wenn der Herbstwind alle Sommergäste weggeweht hat, der ganz große Trubel vorbei ist.

Den Ringkøbing Fjord teilen sich Kitesurfer mit Windsurfern, Anfänger mit Profis, SUPler mit Kajaksportlern, Junge mit nicht so jun-

---

Hin & weg: Von Ringkøbing Buslinie 580 bis Hvide Sande Kirke bzw. Haltestelle Årgab. Mit dem Auto bis zum Parkplatz der Surfschule Westwind.

Beste Zeit: September–Oktober.

Dauer: Wer alle Spots abläuft, kommt auf gut 12 km und etwa 3 Std. reine Gehzeit, für die Sauna etwa 2 Std. einplanen, der Rest ist Freestyle.

Ausrüstung: Kleines Geld für die Sauna, größeres für Kurse oder Material unter www.westwind.dk

---

Je grauer der Himmel, desto entspannter die Lage.

gen. Kurse werden in der ältesten Surfschule Dänemarks für Einsteiger und Fortgeschrittene angeboten, Material für alle erdenklichen Wassersportarten verliehen. Weht der Wind mal nicht aus der richtigen Richtung, läuft man einfach quer durch die Sandberge zum Nordseestrand. Das hölzerne Seezeichen Årgab Bake dient als Wegmarke und verspricht einen tollen Blick auf Dünen, Meer und Fjord.

Beim Surf Café (www.facebook.com/westwindsurfcafe) an der Südmole von Hvide Sande sind Wellenreiter richtig. Wakeboarder steuern die Wasserskianlage bei WestWind Nord (de.westwind.dk > Lokations > Westwind Hvide Sande Nord) an.

Eine Fasssauna steht wiederum nur am Fjord. Da kann man dann alles haben, was den dänischen Herbst ausmacht. Ein knisterndes Feuer im Schwitzhaus bei gleichzeitigem Panoramablick auf die bunten Kites am dramatischen Himmel. Und wer sich nun endgültig für den Kaltwasserkick erwärmt: mit Stehtiefe eignet sich der Ringkøbing Fjord prima zum Herbst- und Winterbaden.

> **FAZIT: WIKINGER UND SPORTSKANONEN VERGNÜGEN SICH AUF DEM WASSER. »FROSTKÖTEL« UND »BANGBÜXEN« GENIEßEN DAS SPEKTAKEL VOM SICHEREN BODEN AUS.**

DER WIND IN DEN DÜNEN

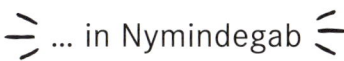

... in Nymindegab

#38

Die Herzen passionierter Dänemarkfans schlagen höher, wenn sie sich am ersten Urlaubstag in die schönste Kurve des Königreichs legen. Noch willkommener sind die unendlichen Dünen bei Nymindegab nur noch nach dieser ausgedehnten Wanderung durch ein beinahe unbewohntes Heidetal.

Das Wetter an der Nordseeküste wechselhaft zu nennen wäre untertrieben. Wer bei Herbststimmung losläuft, kann durchaus und überaus plötzlich im Sommer landen. Oder im Winter. Lagenlook ist angesagt.

Das kleine Bistro unter Reet am Parkplatz vom Nymindegab Strand ist in vielerlei Hinsicht außergewöhnlich entzückend. Erstens sowieso. Zweitens weil es die einzige Einkehrmöglichkeit auf dieser ausgedehnten Wanderung darstellt und drittens eines der ganz wenigen Häuser überhaupt auf der Strecke. Genau genommen stößt man auf den ersten

Hin & weg: Parkplatz Nymindegab Strand, Bahn bis Nørre Nebel, weiter mit Buslinie 449 bis Haltestelle Nymindegab.

Beste Zeit: Ganzjährig, immer anders, immer herrlich. Im Sommer kann es in den Dünen allerdings zu warm werden.

Dauer & Strecke: 4 Std. für 17 km ohne Picknick- oder Badepausen.

Ausrüstung: Verpflegung, bequeme – nach Regenfällen wasserfeste – Schuhe.

15 Kilometern lediglich auf ein einziges weiteres; eine winzige alte Jagdhütte wie aus dem Märchen. Zu ihr gelangt man über einen Pfad, der sich vom Startpunkt in südliche Richtung zieht, nach etwa zwei Kilometern. Der Pfad ist nicht durchgehend ausgeschildert, aber deutlich zu erkennen.

Man wandert hier durch das ehemalige Mündungsgebiet des Ringkøbing Fjords. Gammel Gab, alte Öffnung, wird das Heidetal genannt, wo der Fjord einst in die Nordsee entwässerte. Zum Meer hin begrenzen hohe Dünen die etwa einen Kilometer breite Ebene. Landeinwärts steht der Wald. Und schweiget. Da hat man nichts weiter zu beachten, als sich so dicht wie möglich an den schilfumstandenen Wasserflächen des alten Nymindestroms zu halten. Der Rückweg erfolgt am gegenüberlie-

genden Ufer. Nach etwa fünf Kilometern kann die Tour bei einer kleinen Brücke abgekürzt werden. Möglich ist das auch nach bummelig sechs Kilometern beim Strandparkplatz von Houstrup über den Houstrup Strandvej. Wer die ganze Herrlichkeit genießen möchte, wird nach circa sieben Kilometern vom Pfad selbst auf den Rückweg geleitet. Er schlägt einen Bogen durch die unfassbar hohen Sandberge von Henne Strand (siehe Eskapde #51) und verläuft dann in nördlicher Richtung zurück. Wenn die ersten Ferienhäuser von Nymindegab wieder zu sehen sind, fehlen nur noch zwei Kilometer bis zum Ausgangspunkt.

FAZIT: WALD, HEIDE, DÜNEN, SEEN, MEER — JÜTLAND »IN A NUTSHELL«.

PANORAMA-PIRSCH

 ... auf der Route 405 ab Oksbøl

#39

Auf dieser Radrunde von Oksbøl über Vejers radelt man auf ebenen Wegen durch das Reich des größten Landsäugetiers Dänemarks. Etwa 1300 Rothirsche leben in den Dünenwäldern und rauen Heidelandschaften. Der Grund dafür ist durchaus seltsam.

#KönigderKüstenwälder #Rotwildradeln #Hjort:Hirsch

Was der Nebel verbirgt, ist immer spannend. Manchmal löst er sich in klarstes Winterblau auf.

Nach gut vier Kilometern tauchen die ersten Tiere aus dem Nebel auf. Zwar sind es nur Skulpturen aus rostigem Metall. Doch markieren sie den Punkt, ab dem die Panoramaroute 405 ihrem Titel »Naturpark Nordsee« auch wirklich gerecht wird. Denn hier knickt die Route von der Landstraße ab.

Hinein ins größte militärische Übungsgebiet Dänemarks, was nicht besonders idyllisch klingt, aber durchaus ist, denn durch eben dieses ziehen auch die größten Rotwildrudel des Landes. Sie sind direkte Nachkommen der ursprünglichen Rothirsche, die in der letzten Eiszeit einwanderten. Passend dazu, scheint sich die Wintersonne allmählich durchzukämpfen. Dies wird ein prächtiger Tag.

Außerhalb der Saison radelt man schon mal ganz allein auf dem Rundkurs, der sich zum Strand von Vejers zieht und von dort parallel zum Meer verläuft. Da gibt es nun wirklich nichts mehr als Natur und bald, am Grærup Havvej, einen Aussichtspunkt mit beinahe Sichtungsgarantie. Zugegeben: eine Fernsichtungs-Garantie. Die Schutzflächen sind großzügig gehalten, um den Tieren echte Rückzugsräume zu lassen. Ihre Lieblingsplätze

befinden sich an den Dünenseen. Ganz entspannt äsen die Hirsche dort unter Kiefern oder statten den Robustrindern auf den Weiden nebenan einen Besuch ab. Es ist schon erstaunlich, wie friedlich es auf einem Truppengelände zugehen kann.

Und weil das so ist, kann es geschehen – vielleicht wenn man gerade auf einer Düne die herbschöne Landschaft bewundert –, dass ein Hirsch aus den Bäumen tritt. Beinahe ohne Scheu. Dann muss man widerstehen. Nicht hektisch nach dem Smartphone

Der Langsø gilt als Paarungsplatz des Rotwilds. Dementsprechend viele besuchen darum das Reservat im September, um die Brunftrituale der Hirsche zu beobachten. Danach kehrt Ruhe ein.

tasten. Sondern den Augenblick einfach gedanklich festhalten.

Die Panoramarouten ergänzen den Nordseeküsten-Radweg, der sich von der Grenze bis nach Skagen zieht. International betrachtet verläuft der längste Radweg der Welt sogar von Schottland nach Norwegen. Man befindet sich also auf legendären Pisten, wenn man sich eine der 25 Premiumtouren vornimmt.

Mit 26 Kilometern gehört die Route 405 zu den kürzeren, gerade richtig für die kurzen Tage in den dunkleren Monaten.

Zum Schluss wartet die Route noch mit einem kulturellen Highlight auf. Als die Neueröffnung des internationalen Flüchtlingsmuseums FLUGT in Oksbøl für den Sommer 22 geplant wurde, ahnte noch niemand, wie erschreckend aktuell das Thema durch den Krieg in der Ukraine werden sollte. Umso wichtiger ist der Besuch.

Hin & weg: Mit der Bahn bis Oksbøl.

Beste Zeit: Ganzjährig, Höhepunkt zur Brunft im Herbst.

Dauer & Strecke: Reine Fahrzeit 1,75 Std. für 26 km. Mehr Infos zu den Routen des Nordseeküsten-Radweg unter www.vestkystruten.dk/de/panoramarouten

Ausrüstung: Rad, Fernglas, Verpflegung, warme Kleidung.

> **FAZIT: DIE SELTSAME MISCHUNG AUS MILITÄRISCHER NUTZUNG UND ERNSTGEMEINTEM ARTENSCHUTZ HAT EINEN POSITIVEN NEBENEFFEKT — VOLL WIRD ES IN DER KÜSTENHEIDE NIE.**

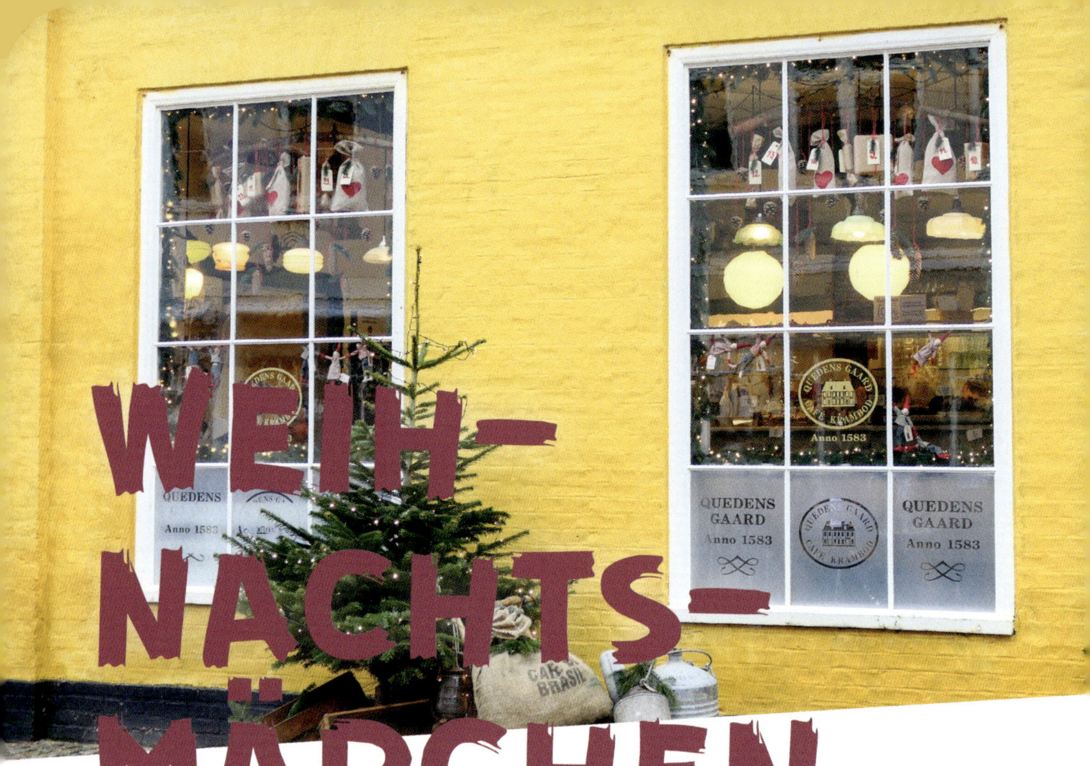

WEIH-NACHTS-MÄRCHEN

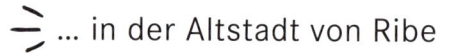

... in der Altstadt von Ribe

#40

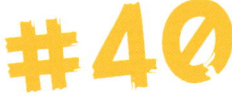

An den kürzesten Tagen des Jahres will es bei bedecktem Himmel gar nicht recht hell werden. Dann sind die Lichter der ältesten Stadt Dänemarks besonders willkommen. Die Gassen von Ribe lassen sich prima zu Fuß erkunden. Regen- oder Schneeschauer in tollen Ausstellungen überbrücken.

#Altstadtabenteuer #WikingerWeihnacht #Vadehavet:Wattenmeer

»Ich freue mich auf diese Zeit«. Mit diesen Worten beginnt die Gedichtsammlung von Peters Jul, Peters Weihnachten, deren Verse in Dänemark jedes Kind mitsprechen kann. Verfasst wurden sie vor mehr als 150 Jahren von den Gebrüdern Krohn. Sie hatten als Jungen Weihnachten häufig bei Verwandten in Ribe gefeiert. So wie sie in der ältesten Stadt Dänemarks Stoff für ihre Erzählungen fanden,

inspiriert der Kinderklassiker ganz Ribe heute zu wunderbaren Weihnachtsinszenierungen.

Die ganze kleine Stadt ist in der Adventszeit festlich geschmückt. Pferdekutschen klappern durch die kopfsteingepflasterten Straßen. Chorgesänge mischen sich mit dem Rauschen der Wassermühle. Zwischen den Weihnachtshütten trifft Weihnachtsmann auf

Drehorgelspieler. Und in und um die denkmalgeschützten Gebäude finden die verschiedensten Veranstaltungen statt. Wer mag, kann sich zum Beispiel von Peters Vater auf einem Spaziergang in das Jahr 1850 entführen lassen. Die kostenlose Führung startet am Torvet 7, wo die Verwandtschaft der Krohns lebte und heute die Touristeninformation untergebracht ist.

Individualisten schnappen sich dort die Broschüre für eine Stadtwanderung auf eigene Faust (online unter www.vadehavskysten.de > Ribe > Geführter Stadtrundgang in Ribe). Die Tour führt viel, viel weiter zurück in die dunkle Vergangenheit der Stadt.

Durch das gesamte Mittelalter galt Ribe als wichtigster Nordseehafen. Vom imposanten Dom zum abgeschiedenen Klostergarten, von der Schlossruine vor der Stadt über uralte Handels- und Wirtshäuser gibt es viel Prächtiges zu bewundern. Durch die Hinterhöfe wabern aber auch mehr Gruselgeschichten als durch die Winkelgasse. Sie wispern von elender Armut, Schwarzen Brüdern, kopflosen Piraten und den armen Seelen, die hier zu Tode gefoltert wurden. Ribe war Dänemarks Hochburg der Hexenverfolgung. Im HEX! Museum of Witch Hunt wird die unrühmliche Geschich-

---

Hin & weg: Mit der Bahn bis Ribe.

Beste Zeit: Adventszeit.

Dauer & Strecke: Halber bis ganzer Tag.

Ausrüstung: Jutesack, für Kunsthandwerk und regionale Köstlichkeiten.

Ribe ist die älteste Stadt Dänemarks. Der mittelalterliche Kern rund um den Dom ist gut erhalten.

te aufgearbeitet. Wie in vielen Museen ist der Eintritt für unter 18-Jährige frei. Für kleinere Kinder ist die Ausstellung allerdings zu heftig.

Schon in den Gründungstagen ging es in Ribe nicht übertrieben hyggelig zu. Das erste Kapitel der Stadtgeschichte schrieben Wikinger, die ab 700 von hier auf Beutezüge gingen. Nach dem Besuch des Museet Ribes Vikinger ist man nicht mehr überzeugt davon, dass früher alles besser war.

Spätestens seit Ribe im Jahr 2010 das Tor zum größten Nationalpark des Landes wurde, ist das Heute viel erbaulicher. Im Wattenmeerzentrum kann man durch die Augen eines Zugvogels auf das UNESCO-Weltnaturerbe blicken. Aber vielleicht hebt man sich das auch für den nächsten Besuch auf – an einem wärmeren, helleren Tag. Dann kann man nicht nur ins Watt spazieren. Man hat auch einen Grund zu sagen: Ich freue mich auf diese Zeit.

FAZIT: WEIHNACHTS-, WIKINGER- UND MITTELALTERFANS GERATEN IN RIBE IN KINDLICHE VERZÜCKUNG.

3. KAPITEL
MINIURLAUB

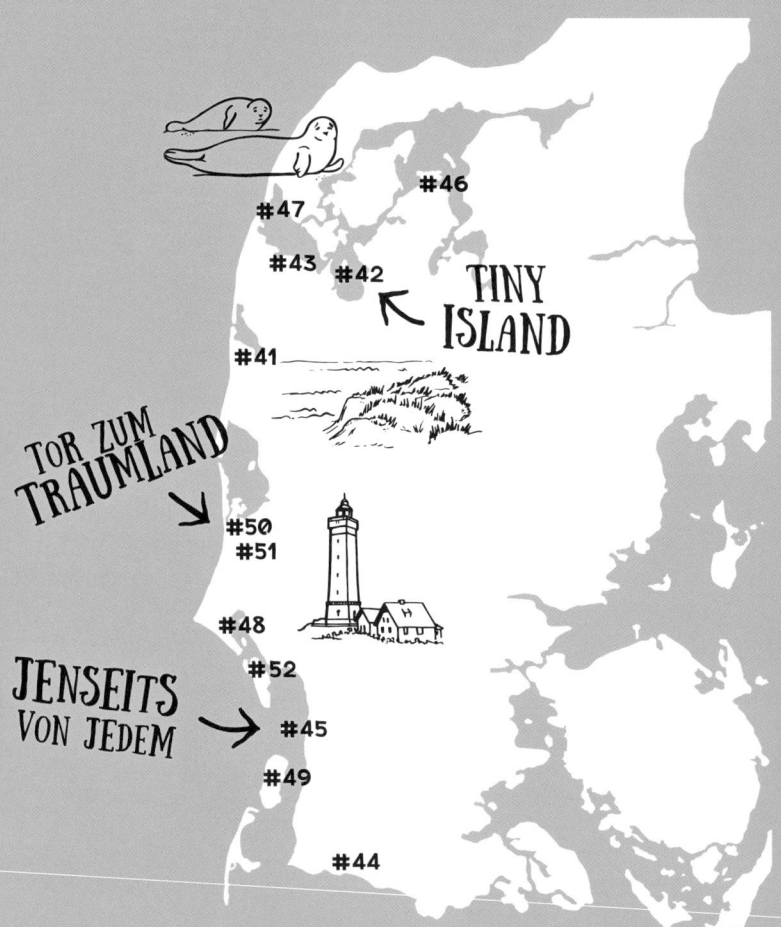

#47

#46

#43 #42

TINY ISLAND

#41

TOR ZUM TRAUMLAND

#50
#51

#48

#52

JENSEITS VON JEDEM

#45

#49

#44

Ferien für ein Wochenende

Ob kleine Frühlingsflucht oder Rückzug ins Sommerparadies, ob hyggelige Herbstidylle oder Winterwellenvergnügen – diese Miniurlaube rufen nach Meer.

36 H

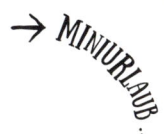

NATURSPA

⊰ … in Vester Husby ⊱

#41

Schon Dekaden, bevor man in den USA das Wort Wellness auch nur kreiert hatte, genossen Jütlandreisende den Einklang von Körper, Geist, Seele und Natur. Luxushotels oder andere touristische Einrichtungen braucht die dänische Variante bis heute nicht.

Nördlich von Søndervig tummeln sich mehr Möwen als Menschen am Strand, rollen mehr Räder als Autos durch die Dünen, macht nur die Nordsee ein Getöse.

Noch trägt der Strandhafer Wintergrün und es ist die Nachtigall, die in der weiten Dünenheide von Vester Husby zur Klangtherapie ruft – und nicht die Lerche wie im Sommer. Hier liegen die Ferienhäuser so weit gestreut, dass man die Nachbarn vielleicht mal entfernt lachen hört oder deren Kinder spielen. Aber meist nicht einmal das. Kein Grundstück ist kleiner als 5000 Quadratmeter. Alle Häuser sind den schönen alten Dünenhöfen Jütlands nachempfunden. Manche stammen sogar noch aus dem 17. Jahrhundert.

Zwischen dicht eingewachsenen Naturgärten mäandern Spazierpfade, die es mit jedem Kurpark aufnehmen können. Statt auf dem Laufband joggt man zum Brötchenholen, ein paar Kilometer ins benachbarte Vedersø Klit. Dort kracht die Nordsee mit Karacho an die

Am liebsten so einfach und natürlich wie möglich.
Nur die Pølser müssen in Karmin-Rot leuchten.

Küste und reißt nicht selten mehrere Meter Sand mit sich. Dann ist der Strand manchmal menschenleer, auf Kilometer. Zum Baden ist es im Frühjahr noch zu kalt. Doch bei Sonnenschein kann man sich schon wie eine Schlange in die Dünen kuscheln und die wohlige Wärme genießen.

Radfahren lässt sich entspannter bei Windstille. Die Ferienhausvermittlungen vor Ort verleihen Räder und halten Tourenvorschläge bereit. Einer führt fernab der Hauptstraße nach Søndervig. In einem der ältesten Badeorte Dänemarks konzentriert sich heute vieles, was die Massen begehren. Das kann man sich ja mal kurz angucken. Und falls man dabei feststellt, dass es für einen selbst keine größere Attraktion geben kann als unbebaute Landschaft, kein spaßigeres Spaßbad als die Nordsee selbst, keinen edleren Wellnesstempel als die höchste aller Dünen, ist man ziemlich glücklich, wenn man zurück nach Vester Husby radelt; mit einem Zwischenstopp in Vedersø Klit.

Dort wartet bloß *ein* kleiner Kaufmann, *ein* Campingplatz, *ein* Strandhotel und *ein* kombinierter Eis- und Pølser-Kiosk. Und wer braucht schon mehr, wenn er Meer haben kann?

FAZIT: DAS URBILD EINES DÄNEMARK-URLAUBS, WIE MAN IHN HEUTE NICHT MEHR ÜBERALL VERBRINGEN KANN.

Hin & weg: Mit dem eigenen Auto direkt bis vor die Haustür. Vor Ort bewegt man sich am besten mit dem Rad fort.

Beste Zeit: Ganzjährig. Wie wäre es zum Frühlingsauftakt, wenn der Strand noch leer ist, die Sonne aber schon wärmt?

Dauer: Nach 2–3 Tagen kennt man die Gegend. Viele Häuser werden jedoch nur wochenweise abgerechnet. Also: über Verlängerung nachdenken.

Ausrüstung: Alles, was man sich je nach gewählter Reisezeit vom Bikini bis zum Norwegerpulli vorstellen kann.

Wenn es Nacht wird: Die Seite www.fejo.dk versammelt beinahe alle großen Ferienhausvermittlungen. Nach oben ist die Preisskala offen. Doch man findet in der Vorsaison durchaus auch eine reetgedeckte Kate am Meer zu moderaten Preisen. Wer zeitlich flexibel ist, kann sich den Traum vom Haus mit Seeblick auch mit einem kleinen Budget erfüllen.

HEJ, KLEINES

⟩ ... auf der Insel Venø ⟨

#42

Venø liegt im Limfjord, in Sichtweite der Kleinstadt Struer. Im Norden läuft die Insel in einen Strandsee aus, der aus der Luft betrachtet, einem perfekten Herz gleicht. Dort sagen sich im Frühjahr Lämmer und Rehkitze gute Nacht – und einige, wenige Inselreisende.

Im Zentrum der Insel wartet die kleinste Kirche Dänemarks darauf, dass mal jemand vorbeikommt.

sich eine Handvoll älterer Insulaner jede Menge Zeit, Bootshäuschen und Picknicktischen einen neuen Anstrich zu verpassen. Und auch Kurzreisende haben keinen Grund in übermäßige Eile zu geraten.

Venø ist nur sieben Kilometer lang und 1,5 Kilometer breit. Die wenigen Straßen hat man schon nach einer guten Stunde erradelt. Der Verleih erfolgt kontaktlos im Hafen. Ein Auto ist also unnötig. Zumal ohnehin nur zwei Straßen auf Venø asphaltiert sind. Die besseren, die holprigen, sandigen Wege laden vielmehr dazu ein, auch das Rad stehen zu lassen, um die hügelige Landschaft zu Fuß zu erkunden.

Wer sich auf die kürzeste Fährfahrt Dänemarks begibt, landet auf einer der kleinsten 27 bewohnten Inseln des Landes. Es gab mal einen Wissenschaftler, der vorschlug, sie alle zu entvölkern, um Steuergelder zu sparen. Vielleicht war er nie auf Venø gewesen, wo man schon in der allersten Minute versteht, dass kleine bewohnte Inseln unbezahlbar sind. Nicht nur für die eingeschworene Gemeinschaft derer, die hier leben.

»Wir hoffen, dass Sie einen sehr angenehmen Aufenthalt haben werden und dass Sie unsere Insel mindestens so gut behandeln wie wir.« So steht es an der Infotafel beim Hafenkiosk. Eis, Kaffee und gegrillte Sandwiches bekommt man dort in der Vorsaison nur am Wochenende. Sie dauert auf den Inseln um einiges länger als auf dem Festland. Noch lässt

Auf Venø sonnen sich Katzen auf Mauern, grasen Schafe mit Blick auf den Limfjord, tollen Rinder auf den Wiesen und Rehe in Kartoffelfeldern. Haus-, Wild- und Weidetiere sind jetzt im Frühling mit dem Nachwuchs beschäftigt. Darum darf man auch das Refugium der Seevögel, ein Reservat im Norden der Insel, bis Mitte Juli nicht betreten. So bleibt noch Zeit, die kleinste Kirche Dänemarks vor dem Abendessen zu besichtigen.

Der Kro tischt von Mai bis September regionale Spezialitäten auf, wie Venø Kartoffeln und Limfjord Austern oder Hummer. Den Sundowner nimmt man dann vielleicht im Hafen, wo an der Infotafel geschrieben steht: »Alles wird auch morgen schön werden, wenn wir alle darauf aufpassen.«

Venø ist ungewöhnlich jung für eine kleine Insel. Knapp ein Drittel der insgesamt 280 Bewohner*innen verbringen im inseleigenen Internat eine Schulzeit wie auf Saltkrokan.

Hin & weg: Venø Bus ab Struer.

Beste Zeit: Frühling und Sommer.

Dauer: 2 Tage.

Ausrüstung: Fahrrad; Verpflegung, falls Hafenkiosk und Laden am Campingplatz geschlossen sind.

Wenn es Nacht wird: Camping, B&B oder Ferienhaus – alle Unterkünfte der Insel sind auf www.venoe.dk zu finden.

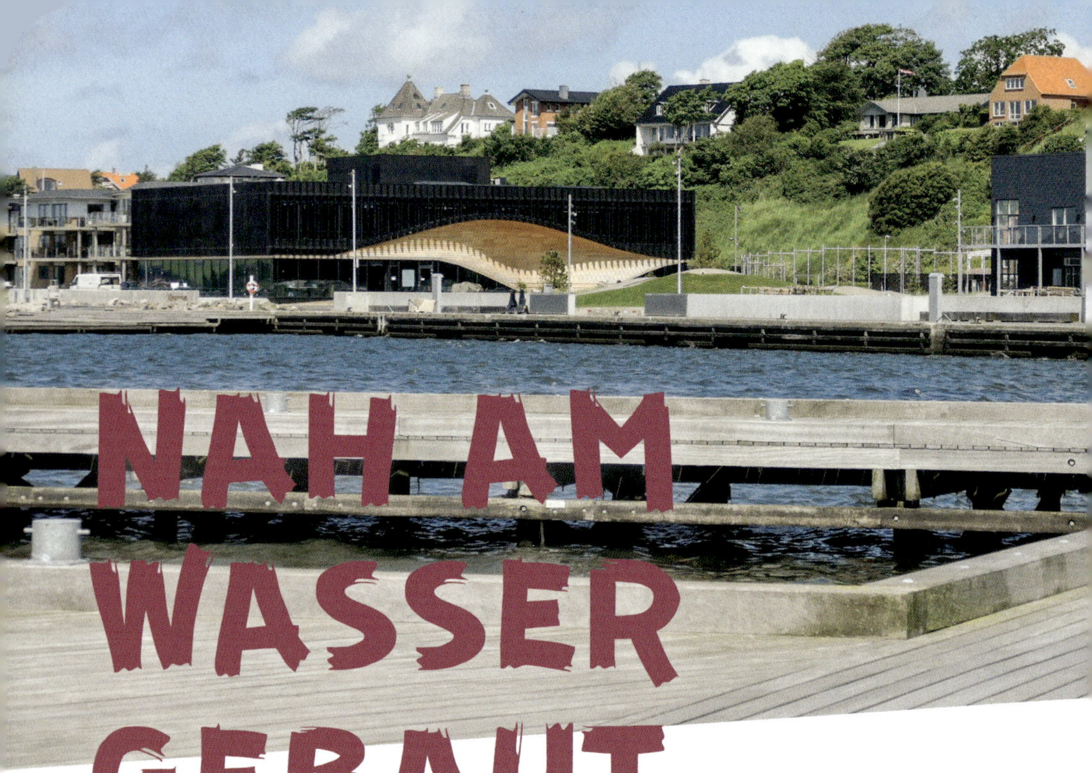

NAH AM WASSER GEBAUT

... Städtetrip nach Lemvig

#43

Mit guten Einkaufsmöglichkeiten, sehenswerten Museen, charmanten Straßencafés und Restaurants steht Lemvig als Ausflugsziel hoch im Kurs. Die Kleinstadt, malerisch zwischen zwei eiszeitlichen Hügeln am Limfjord gelegen, ist aber auch für einen Outdoor-Kurzurlaub gut.

#EiszeitbergundTunneltal # KajakSUPundRuderboot #Vig:Bucht

Vom Zentrum in die Landidylle braucht es in Lemvig nur ein paar Paddelschläge.

Auftaktbummel im Hafen: historische Lagerhallen reihen sich an kantige Fischereibetriebe, alte Segelboote ankern neben piekfeinen Jachten, Touristen schlendern mit dem obligatorischen Softeis in der Hand entlang der Kaianlagen, stöbern in Souvenirshops, bevölkern hölzerne Stege, Pontons, Badeinseln. Dass man zum Sonnenuntergang Meeresfrüchte mit Fjordblick speisen wird, versteht sich da beinahe von selbst. Man muss nur noch entscheiden, ob es eines der feinen oder einfachen Lokale wird, ein Foodtruck oder ein öffentlicher Grill für Selbstgeangeltes.

Lemvig wird auch Westjütlands Grübchen genannt. Idyllisch an die Bucht geschmiegt, umgeben von sattgrünem Hügelland, scheint die kleine Handels- und Hafenstadt ihren

Gästen auch tatsächlich zuzulächeln. Das ist besonders schön vom Wasser aus betrachtet. SUP-Boards verleiht zum Beispiel Spiritsurf (www.spiritsurf.dk). Die mobile Surfschule der Dänin Anne-Louise und des Österreichers Tom bietet auch Anfängerkurse, geführte Touren oder Yoga-Sessions auf dem Brett an. Immer vorausgesetzt, dass das Wetter es zulässt. Denn der Limfjord kann auch viel unfreundlicher daherkommen als an blauweißen Frühsommertagen. Davon zeugt Le Mur.

Was auf den ersten Blick wirkt wie eine ultra-urbane Recreation-Zone, mit geschwungenen Sitzgelegenheiten am Wasser, Top-Skatepark, Spiel- und Picknickplätzen, ist in Wahrheit eine Hochwasserschutzanlage. Nach mehreren extremen Überschwemmungen in den Nullerjahren geplant und 2012 eingeweiht, scheint Lem-

Straßen mit bis 8 % Gefälle ziehen sich durch die Altstadt in den bunten Hafen am Ende der Bucht.

vig nun für den Klimawandel gerüstet. Der ist in Jütland längst allgegenwärtig. Den Umgang mit künftigen Herausforderungen thematisiert das Forum Klimatorium. Eine kostenfreie Führung durch die begleitende Ausstellung kann man unter www.klimatorium.dk buchen. Einmal durch den Regengang springen oder den Kopf in die Windbox auf dem Außengelände stecken, darf man aber auch ganz ohne Anmeldung.

Von hier hat man einen traumhaften Blick über den Limfjord. Drüben am anderen Ufer verläuft ein Radweg ganz nah am Wasser. Auf dem kann man dann morgen etwa 10 Kilometer weit nach Gjellerodde radeln. Das Ferienhausgebiet liegt vor einer wildromantischen Landzunge, deren Seen und Strände man sich öfter mit Schafen als mit Menschen teilt. Städteurlaub in Jütland eben.

Hin & weg: Mit Bus oder Bahn, z. B. von Holstebro.

Beste Zeit: Sommer, zur besten Softeiszeit.

Dauer: 2 Tage.

Ausrüstung: Sonnenbrille für den Sundowner im Hafen.

Wenn es Nacht wird: Im Hotel Tante (www.hotel-tante.de) schläft man in Berlin, Oslo, Stockholm – mitten in Lemvig-City.

DER HIMMEL SO WEIT

 ... auf dem Marschpfad ab Tønder

 **#44**

Tønder, Højer, Rudbøl. Deichwege, Wiesenpfade, Kopfsteinpflaster. Ein, zwei oder drei Tage. Natur, Kultur, Genuss. Nachts ins Hotel, in die Herberge oder unters (Sternen)-Zelt. Der Toptrail Marskstien lässt keine Wanderwünsche offen.

#Toptrail #Weitwandern #AbMarsch #Sluse:Schleuse

Die Hauptattraktion auf dem Marschpfad ist das ganze große Gar nichts.

Am längsten Tag des Jahres treffen sich auf dem Marktplatz von Tønder Wanderbegeisterte, um den 54 Kilometer langen Marschpfad in einem Stück zu absolvieren. Das ist sportlich, doch in der flachen Landschaft durchaus zu schaffen. Gilt es doch lediglich 15 Höhenmeter zu überwinden – auf der gesamten Strecke. Auf eben dieser bleibt dann allerdings auch die besondere kontemplative Wirkung der Tønder-Marsch. Wer erleben will, wie unter dem unfassbar weiten Himmel alle Anstrengung, alle Hektik einfach abfällt, wie die Seele wirklich zur Ruhe kommt und

man mit der Natur eins zu werden scheint, nimmt sich besser mindestens zwei Tage Zeit. Werden es drei, ist auch noch Luft für kulturelle Highlights und kulinarische Verlockungen am Wegrand.

Schon beim Start in Tønder würde man ja zu gern länger bleiben. Vielleicht beim ältesten Gastgeber der Stadt, dem Klostercafeen am Markplatz, mit seiner sommerlichten Atmosphäre. Doch dieses Vergnügen steigert sich noch, wenn man damit bis morgen – oder übermorgen – wartet. Versprochen. Also,

187

hoch den Rucksack und ab in die Marsch. Verlaufen ist quasi unmöglich.

Der Markstien ist perfekt ausgeschildert und leitet schon nach fünf Kilometern auf die schönste Dorfstraße Dänemarks. Sie läuft in Mogeltønder auf Schloss Schackenborg zu und jenseits in die Einsamkeit. Als Übernachtungsziel bieten sich an: das Künstler*innendorf Højer nach 15 Kilometern, Emmerlev am Wattenmeer bei Kilometer 20 oder man läuft noch fünf Kilometer weiter nach Højer Sluse (siehe Übernachtungstipp). Die Ansammlung von Häuschen im Nirgendwo fungierte bis zum Bau des Hindenburgdamms als Drehscheibe des Seebäderverkehrs nach Sylt. Wer hier seine Zelte aufschlägt, wandert am nächsten Morgen durch die Schutzgebiete der *early birds* im stillen Margrethekog

und folgt von dort der Vidå in den Grenzort Rudbøl. Hier bleibt man im Fall einer 3-Tagestour gern noch einmal über Nacht und knüpft Eskapade #22 an. Die letzte Etappe über die Deiche, an Kanälen und Seen entlang ist dann mit 16 Kilometern super für den Abreisetag.

Hin & weg: Bahn bis Tønder.

Beste Zeit: Mai–Oktober.

Dauer: 2–3 Tage

Ausrüstung: Unter www.toendermarsken.dk findet sich eine praktische Packliste. Dort ist auch ein Gepäcktransport buchbar.

Wenn es Nacht wird: Ob *Shelter*, Zeltplatz oder Zimmer – auf dem Bauernhof Hohenwarte (www.hohenwarte.dk) kann man sich selbst verpflegen, bekochen lassen oder ein Lunchpaket für den nächsten Wandertag ordern.

Wenn man gerade genug von der leeren Landschaft hat, erreicht man stets das nächste hyggelige Dorf.

Doch nach Hause geht es natürlich erst, nachdem man den Trubel in der Altstadt genossen hat; vielleicht im Klostercafeen und mit dieser Grundzufriedenheit, die man nur nach einer mehrtägigen Wanderung fühlt.

FAZIT: TOLLE 2- ODER 3-TAGESWANDERUNG, ZUMEIST ABSEITS DER STRASSEN, STETS GUT AUSGESCHILDERT.

KURZ MAL NICHT ERREICHBAR

 … auf der Gezeiteninsel Mandø

#45

Nach Mandø gelangt man nur bei Ebbe und den richtigen Windverhältnissen. Bei Flut oder Sturm wird die zubringende Schotterpiste überspült. Sie zieht sich sieben Kilometer durchs Wattenmeer zu der kleinen Insel, die täglich für einige Stunden vollkommen abgeschieden liegt.

Kleinste Insel, längster Spaziergang: Vor Mandø wartet die größte Sandbank im Wattenmeer.

»Nur mit Kenntnis der Gezeiten zu befahren«, warnt ein Schild am Ende der Welt, gleich hinterm Deich. Der Damm, zu Beginn noch von Lahnungsfeldern begleitet, wird bald so schmal, dass Gegenverkehr problematisch scheint. Andererseits ist ein entgegenkommendes Auto im Meer ja schon von Weitem sichtbar. So kann man an der nächsten Ausweichbucht halten und es passieren lassen. Vielleicht steigt man auch aus. Hört die Salzwiesen wachsen. Sieht einen Kranich aufsteigen. Beobachtet einen Krebs im klaren Wasser. Fühlt den Sommer.

Wer das nicht für sinnvolle Beschäftigungen hält, könnte im Grunde gleich wieder umkehren. Denn viel mehr gibt es auf Mandø gar nicht zu erleben. Die Insel liegt etwa mittig zwischen den Ferienparadiesen Rømø und Fanø, gefühlt aber in einem anderen Universum. Auf ausdrücklichen Wunsch der 33 auf der Insel Lebenden existiert keine gezeitenunabhängige Verbindung ans Festland. Mit nicht einmal acht Quadratkilometern kann Mandø nur begrenzt Besuch verkraften. So gibt es nur eine Handvoll Ferienhäuschen und Zimmer im Dorf zu mieten, einen kleinen, einfachen Cam-

Die Hauptbeschäftigungen auf Mandø: Aufs Meer gucken. Durch Salzwiesen streifen. Ins Watt spazieren.

pingplatz – und die Tagesgäste. Wenn die mit den Traktor-Bussen aus Vester Vedstedt anrollen, sind alle Plätze der beiden Restaurants besetzt und vor dem kleinen Kaufmann, der gleichzeitig als Touristeninfo und Rezeption dient, bildet sich eine lange Schlange. Auch Kirche, Windmühle und Flohmarkt-Schuppen besichtigt man besser, wenn sie alle wieder weg sind. Die ausgewiesenen Wander- und Radwege sind allerdings

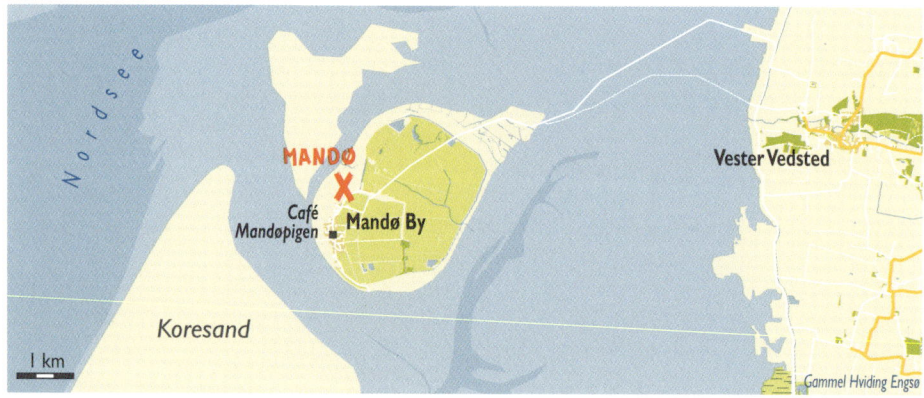

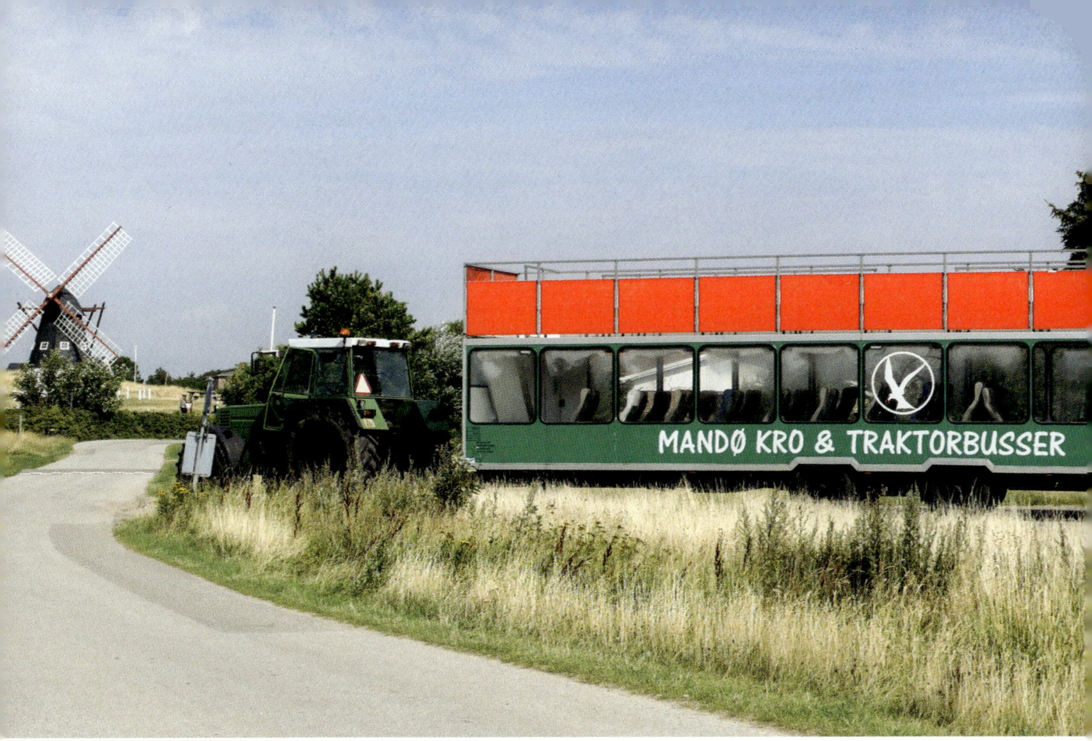

weniger frequentiert, als man annehmen könnte. Die meisten Tagesgäste zieht es auf den Koresand.

Die größte Sandbank des Wattenmeers breitet sich direkt vor Mandø By aus. Dort kann man in warmen Pfützen planschen, Muscheln und Bernstein finden oder einfach ewig spazieren. Zum Lieblings-Sonnendeck der Robben an der Südwestspitze nimmt man auf dem 20 Quadratkilometer großen Hochsand jedoch besser den Traktor-Bus.

Wenn die Flut naht und die Tagesgäste zurück ans Festland karjukeln, ist es Zeit, sich eine Bank zu suchen, idealerweise auf einer hohen Düne. Dort fühlt man es am intensivsten: Man ist jetzt unerreichbar. Wenigstens für einige Stunden.

FAZIT: HIER TAUCHT MAN ZWISCHEN DEN FLUTEN IN EIN MEER AUS ZEIT.

Hin & weg: Mit dem Auto oder Rad ab Vester Vedstedt.

Beste Zeit: Hochsommer.

Dauer: 2 Tage.

Ausrüstung: Gezeitenkalender. Längst nicht immer gibt es die Möglichkeit, auf der Insel ein Abendessen zu ergattern. Also vorher nachfragen, z. B. bei www.mandoebrugs.dk, und ggf. für Selbstverpflegung sorgen.

Wenn es Nacht wird: Helle freundliche Ferienwohnungen im Café Mandø Pigen (www.bb-mandoe.dk).

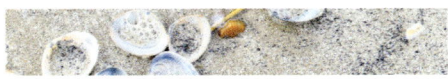

EINFACH HERAUSRAGEND

 ... die Insel Fur

#46

Wird eine Insel unter Zehntausenden zur schönsten im Land gekürt, will das schon was heißen. Ob Fur im Limfjord den Titel verdient, erfährt man am besten an zwei Tagen mit dem Rad und einer Nacht in der Natur. Mitbringen muss man wenig. Es ist alles schon da, was man braucht.

#Naturerfahrung #DamenradundMännerMuseum #GammelHavn:AlterHafen

Spektakuläre Natur und bodenständige Bewohner. Alleinlage im Limfjord. Gut fünf Kilometer von Süden nach Norden gemessen. Etwa zehn von Westen nach Osten. Erschlossen von nur wenigen wenig befahrenen Straßen, noch weniger frequentierten Feldwegen und drei Radrouten, die es auf insgesamt 100 Kilometer bringen. Die Insel Fur eignet sich perfekt, um zwei Tage lang allem Komplizierten zu entfliehen. Die Tourenkarte wartet in der Touristeninformation gleich am Hafen.

Die blaue »Küstenroute« verspricht das längste Vergnügen. Auf ihr ist nach drei Kilometern der Gammel Havn erreicht, ein romantisch-melancholischer Lost Place von 1911. In der hundertjährigen Grundnetzhütte ist eine kostenfreie Ausstellung untergebracht, die vom Leben der alten Fischer erzählt und vom Versanden des alten Hafens.

Um die verwitterten Kaianlagen schlängelt sich ein Naturpfad zu zwei Badestellen. Es ist die

Ein Mini-Urlaub auf der Insel Fur ist wie ein Workshop in der Kunst des Slow Travelling.

Beim Brauhaus taucht die Küstenroute in den Wald. Die Lok einer historischen Schmalspurbahn markiert den kürzesten Abstecher über einen Wiesenweg zum Aussichtspunkt Knuden. Danach geht es durch den letzten Schatten für heute bis zum Campingplatz, der letzten Einkehrmöglichkeit unterwegs. Es kann nicht schaden, beim platzeigenen Minimarkt die Wasservorräte aufzufüllen. Denn im Norden schlägt das Radlerherz durchaus etwas schneller.

Es folgen knackige Anstiege, Schluchten, Täler und die imposante Steilküste. Erholen kann man sich alle naselang auf Top-Rastplätzen mit Weitblick über den Limfjord. Der eignet sich natürlich auch hervorragend für ein erfrischendes Bad zwischendurch. Hat man erst einmal den Inselwesten erreicht, kann man die Räder dann rollen lassen. Die Abstecher zu den zwei Odden lohnen sich für alle, die wildromantische Heidelandschaften und Naturstrände lieben. Danach ist es nicht

kürzeste von insgesamt fünf markierten Rundwanderungen auf der Insel. Jede dieser Wanderungen lohnt sich und die blaue »Küstenroute« berührt sie alle (siehe Eskapade #32).

mehr weit zum Ausgangspunkt im Hafen. Dort lässt sich gut im Kro Kraft tanken für den morgigen Tag. Da könnte es auf der roten »Einkaufsroute« zu Galerien und Ateliers, Hofläden und Cafés bis zum Fur Museum gehen. Wer sich lieber auf die höchsten Höhen von Fur schrauben will, nimmt die grüne »Hügelroute«. Sie führt direkt zum Gipfel (siehe Eskapade #7). Erholung von dem Kraftakt wartet im nahegelegenen Café På Herrens Mark, mit angeschlossenem Männer Museum. Dort werden Devotionalien bewahrt, die ehemalige Junggesellen nicht mit in die Ehe bringen durften. Frauen zahlen hier eine Krone mehr für das Bier. Vielleicht ein Ausgleich dafür, dass die Touristenformation ausschließlich Damenräder verleiht. In der Hochsaison ist eine Vorbuchung unter www.visitfur.dk ratsam.

Hin & weg: Buslinie 420 ab Skive bis auf die Insel, mit dem Auto nimmt man die Fähre ab Branden und stellt es im Hafen ab.

Beste Zeit: Mai–September.

Dauer: 2 Tage.

Ausrüstung: Leichter Rucksack oder Fahrradtaschen.

Wenn es Nacht wird: Der Inselcampingplatz (www.furcamping.dk) in Toplage vermietet Zelte, Hütten und Zimmer im Hauptgebäude.

FAZIT: UNGESCHMINKT UND WILDROMANTISCH. FUR IST EIN WAHRES PARADIESCHEN FÜR RUHESUCHENDE.

DER KÜSTEN-PFAD RUFT

⋝ … auf dem Vesterhavsstien ⋞

#47

Wer sich noch nie auf eine mehrtägige Wanderung gewagt hat: Vorsicht! Weitwandern macht nämlich (sehn)süchtig. Und es ist gut möglich, dass man nach zwei Tagen und einer Nacht auf dem Nordseeweg für alle anderen Urlaubsformen für alle Zeiten verloren ist.

Autoreisende halten Thyborøn für eine winzige Hafenstadt. Fernwandernde erleben sie als Metropole.

Die Sonne scheint. Der Wind weht. Die Nordsee rollt in Karibikfarben auf weißen Sand und Dünen zu. Paradiesischer als ein himmelblau-

Hin & weg: Mit Bahn, Bus oder Fähre nach Thyborøn. Von Vedersø Klit fährt die Buslinie 270; z. B. nach Ulfborg oder Holstebro.

Beste Zeit: Mai–September

Dauer: Wie beschrieben 2 Tage, kann aber auch spielend auf 7 verlängert werden.

Ausrüstung: Tourenbeschreibung unter www.dvl.dk. In den Rucksack gehört Verpflegung, bequeme Kleidung für jedes Wetter, Kopfbedeckung, Sonnencreme mit hohem Lichtschutzfaktor. In leichten Hikingschuhen läuft es sich im lockeren Sand besser als in dicken Wanderstiefeln.

Wenn es Nacht wird: Auf halbem Weg wartet ein Bett in der kleinsten Wanderherberge Dänemarks: www.fjaltringvandrerhjem.dk. Vorbuchen!

er Sommertag an der dänischen Nordseeküste ist nur noch die Aussicht auf eine der ausgedehntesten Strandwanderungen, die man sich vorstellen beziehungsweise einrichten kann. Mit 450 Kilometern ist der Westküstenweg, der mehrere Fernwanderwege miteinander verbindet, um einiges länger als ein Kurzurlaub. Aber es muss ja auch nicht gleich die ganze Tour werden.

Der südwestjütländische Abschnitt folgt dem Vorschlag des Dänischen Wanderverbandes von Thyoborøn Richtung Vejers; zieht sich also beinahe die gesamte Küste hinunter. Wer irgendwo entlang der Strecke seinen Urlaub im Ferienhaus verbringt, kann einfach einsteigen – Tschüs Familie, ich bin dann mal weg. Zwei, drei oder sieben Tage. Je nach Belieben. Und immer der Nase nach.

Der Vesterhavsstien ist nicht ausgeschildert. Wozu auch? Die Nordsee kann man ja nicht verfehlen.

Mit 160 Kilometern ist der Vesterhavsstien für eine wundervolle Woche gut. Genauso prima sind aber zwei Tage. Die haben den Zusatzvorteil, dass man sich halbwegs auf den Wetterbericht verlassen kann. Die einzelnen Etappen beschreibt der Dänische Wanderverband unter www.dvl.dk. Dort über die Suchmaske Vesterhavsstien ansteuern.

Wer mit Etappe 1 in Thyborøn startet, schafft bei durchschnittlicher Kondition auch noch die nächsten zwei über Langerhuse bis zur Herberge in Fjaltring. Am zweiten Tag folgen die Etappen 4 bis 6 entlang des Nissum Fjords nach Vedersø Klit. Dabei kommt man an beiden Tagen in den Genuss von Dünen und Klippen, Feuchtgebieten und Strandseen, Fischereihäfen und immer wieder entzückenden Ferienhausgebieten.

Beide Teilstücke sind mit etwa 25 Kilometern bei »normaler« Ausdauer gut zu meistern. Sie lassen sich allerdings nicht auf den Millimeter genau abmessen. Weder ist der Weg wirklich festgelegt noch markiert. Karte, Kompass oder App sind aber dennoch nicht von Nöten. Beinahe auf der gesamten Strecke wird der Strand von Pfaden über Klippen und durch Dünen begleitet. An den wenigen Stellen ohne Wanderwege, spaziert man einfach am Nordseesaum weiter.

FAZIT: WEITWANDERN AM WELLENRAND IST EIN ECHTES ERLEBNIS.

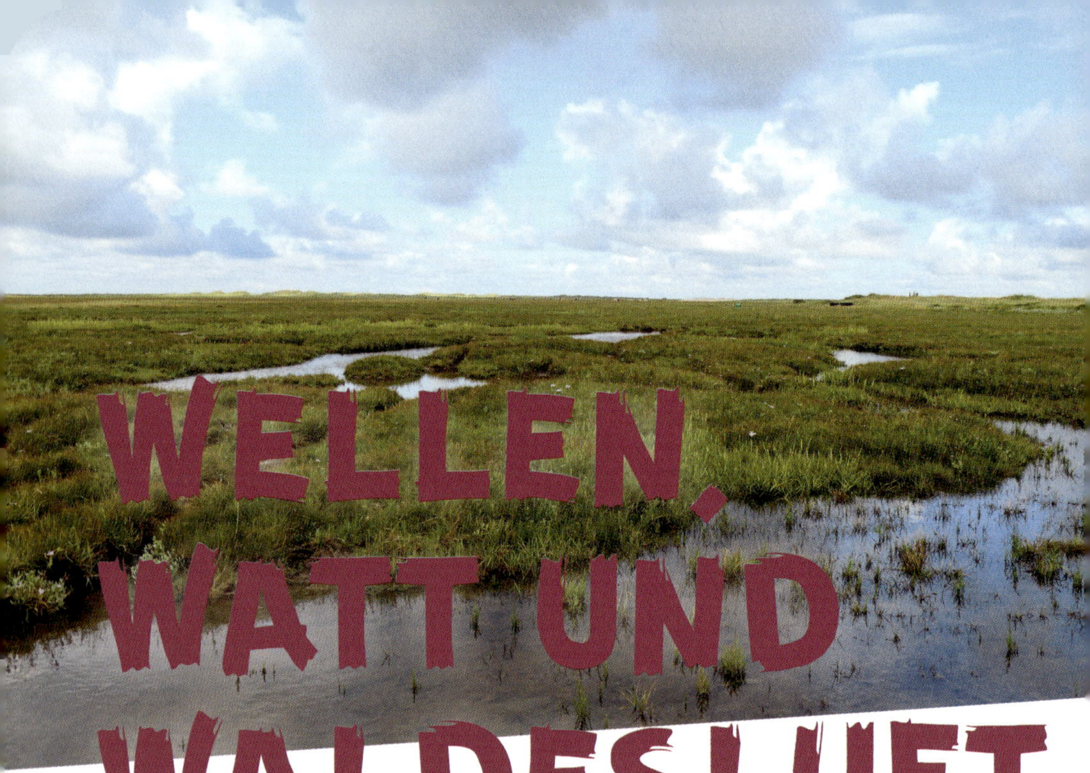

WELLEN, WATT UND WALDESLUFT

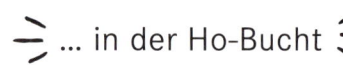

... in der Ho-Bucht

#48

Manche lieben Blåvand, das »Mallorca des Nordens«, andere schlagen lieber einen großen Bogen. Aber gerade die dürfen ihn nicht zu groß ausfallen lassen, sonst könnte ihnen das Dorf Ho entgehen, wo die Tage so sanft und süß vergehen, wie ein Sommer auf Gripsholm.

#verlasseneInsel #stillerWald #einsamerStrand #Ebbevej:Wattweg

Ho leitet sich von Hoi ab und bedeutet so viel wie Trog. Frei übersetzt kann man auch Glückstopf sagen.

Eventyrets Land nannte der dänische Schriftsteller und Theologe Thomas Lange diese Ecke in seinem gleichnamigen Erfolgsroman von 1863. Je nach Quelle wird das mit »Land der Abenteuer« oder »Märchenland« übersetzt. Beides passt. Wie man Ho erlebt, hat vor allem mit dem Wetter und den Gezeiten zu tun. Daher schnell den Tidekalender gecheckt.

Bei Ebbe steht ein Spaziergang über den Meeresboden an. Zum Ausgangspunkt kommt man vom alten Pfarrhof, wo Thomas Lange einige Jahre lebte und heute ein kleiner Ehrenhain wächst, über Skaubjergvej und Sønderballevej. Dabei passiert man den Blåvandshuk Golfclub. Typisch dänisch ist es kein elitärer Platz, sondern ein Ort für Sport und Gemeinschaft. Hier darf man auch ganz ohne Golferfahrung Bälle schlagen; wahlweise mit Blick auf die Ho-Bucht oder mit dem Duft von Kiefern. Nach 3,5 Kilometern endet der Weg am Watt. Pfähle markieren den Weg zur Insel Langli. Einst bewohnt, längst verlassen, heute ein Vo-

gelschutzgebiet, darf sie nur in den Sommermonaten betreten werden. Dementsprechend wild und unberührt ist die kleine Düneninsel. Wer sich die vier Kilometer lange Wattwanderung (einfache Strecke) nicht zutraut, nimmt den Traktor-Bus (www.naturbusseniho.dk).

Bei Flut ist Hos andere Seite dran. Nicht nur geografisch sondern auch atmosphärisch. Die Ho-Bucht bildet den nördlichsten Teil des Wattenmeers. Gleich ums Eck laufen die Wellen gezeitenunabhängig auf die Halbinsel Skallingen zu. Wer die ungezähmte Naturschönheit in Gänze erfahren möchte, plant mindestens einen halben Tag ein (siehe Eskapde #29). Soll es nur ein Badestopp sein, gelangt man zum Høje Knolde Strand mit dem Rad schon nach schnellen 3,9 Kilometern durch die Ho Plantage.

Die Varde Å mündet am nordwestlichen Ende der Ho-Bucht ins Meer und ist der einzige naturbelassene, unregulierte Gezeitenfluss Dänemarks. Kanus kann man zum Beispiel in der Kleinstadt Varde leihen.

Die Dünenpflanzung gehört zu den mehr als 200 Wäldern Dänemarks, in denen freies Zelten erlaubt ist. Wem das zu abenteuerlich scheint, erkundet die Plantage auf zwei ausgewiesenen Wanderwegen. Sie lassen sich zu einer rund zwölf Kilometer langen Tour kombi-

Hin & weg: Bahn bis Oksbøl St., von dort weiter mit Buslinie 140 bis Ho Hovej.

Beste Zeit: Langli darf nur zwischen dem 16. Juli und dem 15. September betreten werden.

Dauer: 2–3 Tage.

Ausrüstung: Wattsocken und Badesachen.

Wenn es Nacht wird: Die Abenteuerfraktion wählt als Abwechslung zum Ferienhaus den Wald. Unter www.naturstyrelsen.dk stellt das Dänische Amt für Naturverwaltung eine interaktive Karte und Nutzungsregeln zum »Zelten für den stillen Wanderer in Feld und Flur« bereit.

nieren, auf der Infotafeln Vieles über das märchenhafte Abenteuerland erzählen, das ganz ohne Deiche und Schleusen auskommt.

Bei Ebbe und Flut gleichermaßen empfehlenswert ist ein Besuch im Kro von Ho (www.hokro.dk), wo das Motto »Gourmet auf Westjütländisch« lautet. Als Faustregel gilt: Das Abendessen ist etwas teurer, das Mittagessen entspricht preislich deutscher Mittelklasse, liegt qualitativ aber einiges drüber.

FAZIT: WATT UND BRANDUNG. WALD UND STRAND. URSPRÜNGLICHE NATUR VOR DER NASE UND IM RÜCKEN ALLE TOURISTISCHEN ANNEHMLICHKEITEN ALS BACKUP FÜR REGENTAGE.

MINI-FERIEN AM MAXI-STRAND

 ... auf der Insel Rømø

#49

Surfer und Camper haben einiges gemeinsam: Sie sind zum Beispiel unheimlich überzeugt von ihrem Lebensstil und rauschen gern mal kurz nach Dänemark. Was dran ist, lässt sich bei einem Livetest auf Rømø erfahren. Wo nichts muss. Aber alles kann.

Kein Stress, keine Hektik, keine Strandgebühren und genügend Platz für Board oder Badehandtuch.

Man könnte ja auch nach St. Peter-Ording zum Surfen. Dann wäre man aus Hamburg oder südlicheren Gegend etwa eine Stunde früher am Strand, als wenn man sich zur Insel Rømø aufmachte. Doch für die dänische Variante gibt es viele gute Argumente. Erstens geht es an Nordeuropas breitesten Sandstrand. Zweitens darf man dort mit seiner Ausrüstung bis dicht an den Wellenrand fahren. Drittens kennt man dort weder Parkplatzgebühren noch Kurtaxe. Viertens Austern für alle. Fünf-

tens Softeis. Ok, jetzt sind alle überzeugt. Es geht nach Dänemark. Allein dieses Gefühl!

Rømø ist die südlichste Insel des dänischen Wattenmeers und über einen mehr als neun Kilometer langen Damm mit dem Festland verbunden. Nach 2,5 Kilometern empfiehlt sich ein Stopp an der Parkbucht, um die Weite dieser besonderen Landschaft ein erstes Mal aufzunehmen. So erreicht man die Insel – bereits hingerissen – an der Wattseite. Um dann

Ja, auf Rømø fährt man mit dem Auto an den Strand. Und ja, das ist für Erstbesucher seltsam. Doch wer's nicht mag, läuft einfach einen Kilometer weiter. Oder zwei. Oder fünf. Oder acht ...

noch fünf Kilometer weiter zu rollen, durch wilde Heide und Dünen, direkt auf den unfassbaren Strand von Lakolk. Da hat man dann im Grunde schon alle Landschaften gesehen, die die Nordseeküste von Dänemark so unwiderstehlich machen. Und darf sich den Rest des Kurztrips dem (Kite-)Surfen hingeben. Wer selbst nicht surft, guckt fasziniert zu, wandert endlos am Strand, badet, lässt sich von Monsterquallen ins Bockshorn jagen, sucht sich eine Privatdüne oder besucht Fru Dax (<u>frudax. dk</u>) in der Gastro- und Ladenzeile am Strandzugang, die sich den Titel »Dänemarks beste Eisdiele« ans Revers heften darf. So verfliegt ein Strandtag im Nu.

Bei Sonnenuntergang müssen alle Fahrzeuge den Strand verlassen. Das Übernachten ist nicht erlaubt. Dementsprechend ist Rømø auf

Gäste vorbereitet, die einen Stellplatz für die Nacht suchen. Fällt die Wahl auf einen Platz in der Nähe von Havneby, hat man die größte Auswahl an Einkehrmöglichkeiten. Im Hafen stehen Otto & Ani's Fisk sowie Holms Roegeri für frische Meeresfrüchte. Und wer danach noch 1000 Schritte tun möchte, ist in einem Hafen natürlich immer richtig.

Hier startet auch die Radroute »Der Kapitän und der Wal«, die auf <u>www.roemoe.de</u> (> Aktivitäten > Fahrrad-Tour) zu finden ist und alle Sehenswürdigkeiten Rømøs verbindet. Denn die Insel ist mehr als nur ein Wassersport-Eldorado ... sie hat stille Winkel zu bieten, Aussichtsdünen, Ausstellungen und eine reiche Geschichte. Darum kann man sich auf der nur 29 Kilometer langen Runde auch einen ganzen Tag Vergnügen.

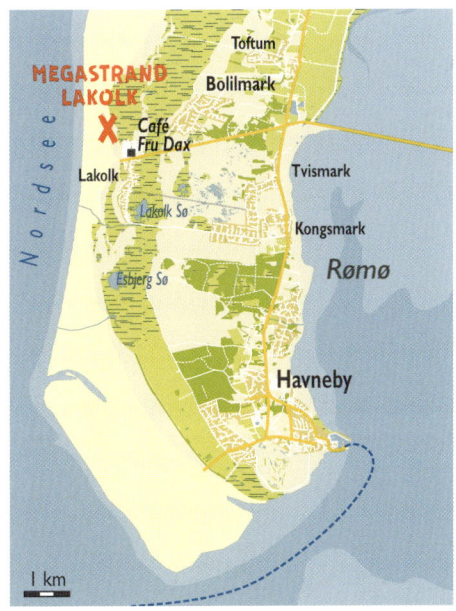

FAZIT: NAH AN DER GRENZE, SCHNELL ZU ERREICHEN; AUF RØMØ SIND SCHON VIELE AUF DEN DÄNISCHEN GESCHMACK GEKOMMEN.

Hin & weg: Mit Bulli & Co.

Beste Zeit: Sommer und Herbst.

Dauer: Klassischer Weekender, noch besser mitten in der Woche.

Ausrüstung: Sharing is caring. Privat-Bullis, -WoMos oder -Kastenwagen kann man zum Beispiel bei www. paulcamper.de mieten. (Kite-)Surfausrüstung und/ oder Fahrrad.

Wenn es Nacht wird: Stellplatz am Watt beim www. kommandoergaarden.dk. Kein Bulli? Kein Problem. Es gibt auch Hütten zu mieten; von einfach bis fast luxuriös.

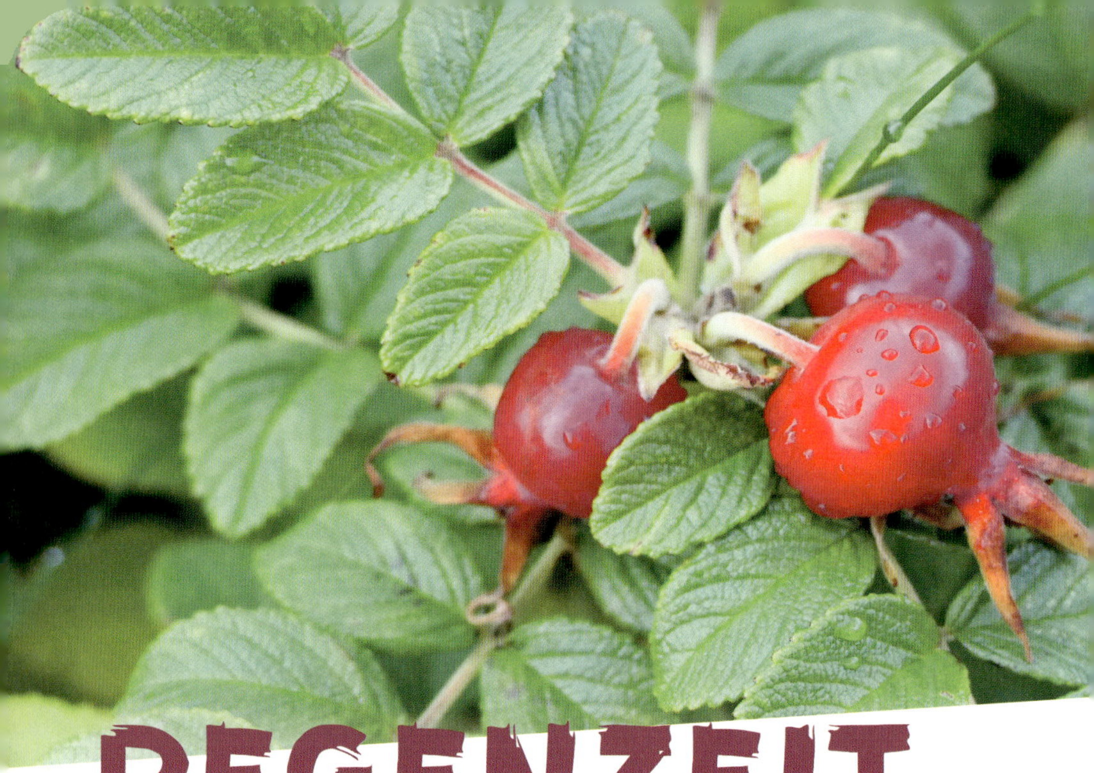

REGENZEIT

... auf Holmsland Klit

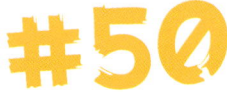

#50

Selbst am schönsten Ort der Welt regnet es bisweilen. Manchmal auch über Tage. Selten jedoch – und das ist die gute Nachricht – den ganzen Tag. In Schietwetterphasen richtet sich daher alles nach der Wetterapp. Sobald sie eine trockene Stunde prognostiziert, geht es raus.

#heiterbishimmelgrau #ErntedankaufDänisch #Regn:Regen

Es regnet, es regnet und hört nicht
wieder auf? Na dann, Gummistiefel
an und ab nach draußen.

Der kleine alte Hafen in der schönsten Kurve
Dänemarks, der gestern noch in den hellsten
Farben leuchtete, liegt in Dämmerblau ge-
hüllt. Es ist Herbst in Nymindegab, dem Tor zu
Holmsland Klit, dieser wunderbaren Dünenkette zwischen Meer und Fjord, wo die einen
im Oktober noch durch die Wellen toben und
die anderen schon in Mütze und Schal durch
den Sand stapfen. Niemand wartet dafür jetzt

noch auf Traumwetter. Es reicht schon, dass
es nicht regnet.

Wie kleine Waldtierchen instinktiv spüren,
dass es an der Zeit ist, Vorräte anzulegen,
entwickeln dann auch manche Urlaubsgäste
einen deutlichen Sammeltrieb. Blumen pflü-
cken, Pilze sammeln, Tannenzapfen auflesen,
in Dänemark ist es grundsätzlich erlaubt, sich

Ganz oben auf der Liste mit den Lieblingssachen im Herbst: den Kopf freipusten lassen.

in der Natur zu bedienen. Natürlich dürfen es keine geschützten Arten sein und die Menge sollte den Eigenbedarf nicht übersteigen. Etwa einen Hut voll, sagt ein altes Gesetz. Aber das reicht ja, um ein Abendessen aus frischen Pilzen zu zaubern. Andenken aus Strandgut zu basteln. Marmelade einzukochen, aus selbstgepflückten Beeren oder Hagenbutten. Letztere findet man an der Westküste überall und bis weit in den November.

Rosa Rugosa, auch Kartoffelrose oder Sylter Rose genannt, ist eine Einwanderin aus Ostasien und nicht ganz unproblematisch, da sie einheimische Arten verdrängt. An der Nordseeküste hat sie sich längst durchgesetzt. Viele Ferienhäuser liegen von dichten Hecken umgeben. Die Früchte sind kleine Vitaminbomben und zubereitet unheimlich lecker. Das

Netz ist voll mit Rezepten für Chutneys, Marmeladen oder Kompott. Es wird in Dänemark

Hin & weg: Bahn bis Nørre Nebel St., weiter mit Buslinie 449 bis Nymindegab.

Beste Zeit: Ganzjährig. Bei Sonne in der Saison ist rausgehen einfach. Die wahre Herausforderung wartet *off season*. Wie wär's also im Herbst?

Dauer: 2–3 Tage.

Ausrüstung: Wetterapp. Regenjacke und Badehose für den Strand, Fernglas und Gummistiefel für Tipperne, Sonnenbrille und Schal für alle Fälle.

Wenn es Nacht wird: Das erste Ferienhausgebiet auf Holmsland Klit heißt Bjerregard. Ein Zimmer im Nymindegab Kro (www.nymindegabkro.dk) ist etwas für besondere Anlässe; genau wie die Einkehr mit Panoramablick. Gut und für dänische Verhältnisse günstig übernachtet man in Danhostels (www.danhostel.dk), die sich mit den besseren unter den deutschen Jugendherbergen vergleichen lassen.

Auf zur Wikingertaufe: Im Herbst halten sich Luft und Wasser temperaturmäßig oft die Waage.

traditionell zu Wildgerichten gereicht und eignet sich prima als Mitbringsel. Ganz nutzlos ist Rosa Rugosa also auch nicht. Silbermöwen lieben die Kartoffelrose sowieso. Überhaupt haben Vögel etwas übrig für Holmsland Klit.

Die Halbinsel Tipperne dient Zehntausenden als Refugium. Die Straße zum Vogelschutzgebiet darf nur einige Stunden pro Tag befahren werden. Und nur von März bis Oktober. Und das auch nur mit dem Auto. Unterwegs aussteigen ist im Vogelschutzgebiet ganzjährig verboten. Bloß beim Tipperhuset an der Halbinselspitze darf man auf einem ausgewiesenen Pfad durch die Wiesen streifen. Wer mit dem Rad unterwegs ist oder außerhalb der Öffnungszeiten, weicht auf den Aussichtsturm Værn Sande im Osten Tippernes aus. Er ist über den Tippervej von Nymindegab nach 6,5 Kilometern erreicht. Das ist besonders eindrucksvoll, wenn der Morgen über dem Ringkøbing Fjord dämmert.

Was der Tag danach noch bringt, entscheidet der wankelmütige Herbst. Bei Regen, so behaupten es jedenfalls Herbstschwimmer, kommt einem die Nordsee überhaupt nicht kalt vor. Ob man das glauben darf? Das kann nur wissen, wer's ausprobiert.

FAZIT: SCHLECHTWETTER KANN NERVEN. ABER SCHON EIN, ZWEI STUNDEN DRAUßEN REICHEN, UM DANACH DEN REST EINES REGENTAGES MIT DEM BERÜHMTEN DICKEN WÄLZER ZU GENIEßEN.

IM REICH DER DÜNEN-KÖNIGIN

⊰ ... in Henne Strand ⊱

#51 In den beliebtesten Urlaubsorten wird es meist aus gutem Grund in den Ferien eng. In Henne Strand sind es sogar zahlreiche. Die weite Heide, eine knorrige Plantage, unfassbar fantastische Dünen und ein unendlicher Strand. Am herrlichsten ist das aber alles außerhalb der Saison.

klarer Sicht könne man rundherum 40 Kirchtürme zählen. Aber das wird wohl gewesen sein, bevor Düneninspektor Thyge de Thygeson die Gegend bewalden ließ, um dem Sandflug ein Ende zu bereiten.

Dafür schweift der Blick über die galaktische Heide- und Dünenlandschaft, die Henne Strand – besonders bei deutschen Urlaubern – so ungeheuer beliebt macht. Im Sommer ist es dementsprechend knifflig, ein bezahlbares Ferienhaus zu ergattern. Sind Weihnachts- und Silvestergäste aber erst mal abgereist, ist sogar eins in Spitzenlage und/oder mit eigener Sauna drin. Und wie herrlich lässt dann die Wintersonne Sandberge, Dünenseen und Nordseewellen leuchten. Dorthin geht es jetzt auf der roten Route, einem von drei ausgeschilderten Rundwegen, immer dem Meeresrauschen nach.

Himmelsvej, Himmelsweg, heißen die zubringenden Straßen zur höchsten Düne Dänemarks. Zwar käme Reinhold Messner nicht auf seine Kosten, führt doch eine Treppe auf den 64 Meter hohen Blåbjerg. Doch die Aussicht ist grandios. Man liest immer mal wieder, bei

1,5 Kilometer südlich lässt sich an der Größe des Strandparkplatzes erahnen, was hier im Sommer los ist. In den stillen Monaten sind

viele Läden und Cafés entlang des Strandvejen geschlossen. Prima. So bleibt die Atmosphäre entspannt. Und falls man abends auswärts essen möchte, kann man gleich mal auschecken, welches Restaurant geöffnet hat. Irgendeins ganz sicher. Die Auswahl reicht vom Pølser-Grill bis zur 2-Sterne-Küche im Henne Kirkeby Kro (www.hennekirkebykro.dk).

Am Ortsausgang lockt die wirklich schöne Badelandschaft des top Campingplatzes alle, die kein Poolhaus gemietet haben. Kurz darauf geht es beim Aussichtsspot Tuttes Bjerg wieder ab durch die Heide in die Plantage. Nach einem kleinen Parkplatz leitet der Øster Henne Bys Vej links zur Gelben Route, die zurück zum Blåbjerg führt. Und weil das Ganze so schön war, könnte man sich für morgen die blaue Route vornehmen. Oder die weiße, grüne oder schwarze. Die letzten drei gehören zu den besten Mountainbike-Strecken Dänemarks.

Hin & weg: Im Winter am besten mit eigenem Auto.

Beste Zeit: Kurz nach Silvester bis kurz vor Ostern.

Dauer: 3 Std. für 13 km (rote Route) und 3 Tage für den Kurztrip.

Ausrüstung: Ganz wie in den Bergen. Auch bei Eiseskälte in Dünentälern mag es auf sonnigen Sandgipfeln warm werden. Lagenlook ist also angesagt.

Wenn es Nacht wird: Lust auf Wintercampen auf einem Luxusplatz, aber gar kein Wohnmobil zur Hand? Dann wären die Glamping Natur-Suiten mit eigener Sauna und Außen-Whirlpool vielleicht was: www.hennestrandcamping.de > Übernachtung > Natur-Suiten.

FAZIT: EINMAL HENNE STRAND IM WINTER, IMMER HENNE STRAND IM WINTER.

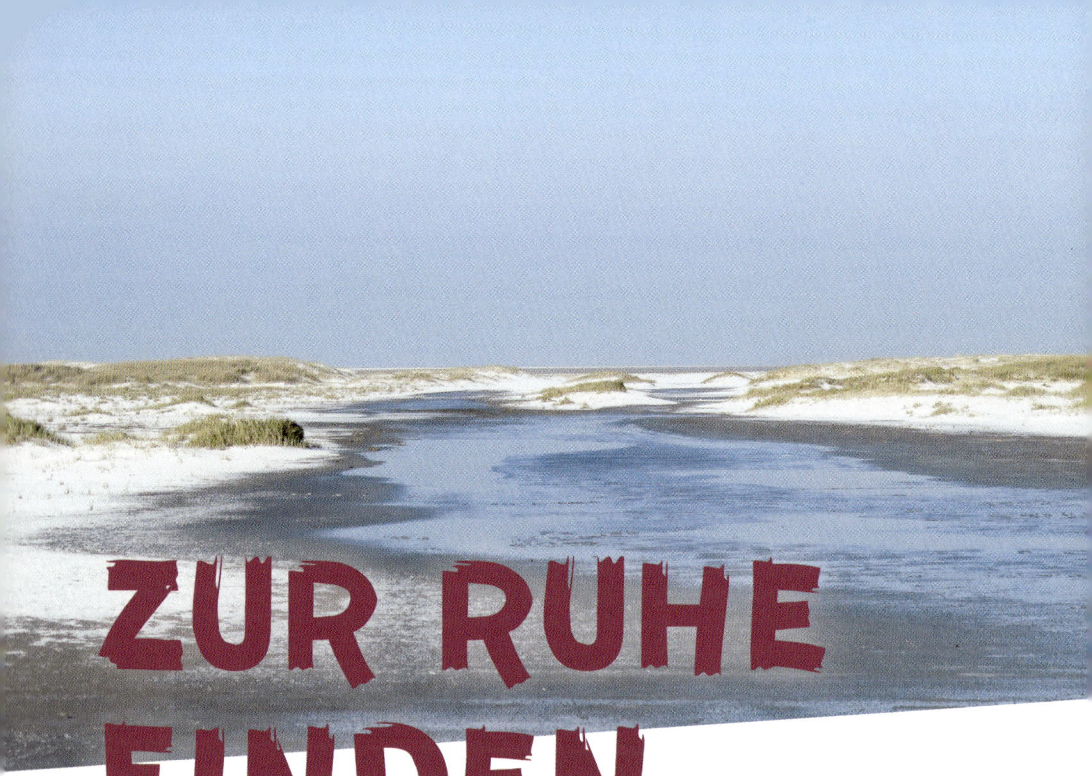

ZUR RUHE FINDEN

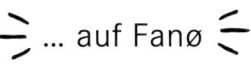

... auf Fanø

#52

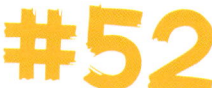

1884 wurden entlang der Westküste Jütlands 25 Seezeichen errichtet. Übrig geblieben sind elf. Die hölzernen Monumente haben für Stressgeplagte ikonische Bedeutung. Wo sie in den Himmel ragen, beginnt die Entspannung. Aus dem Süden gesehen: auf der Insel Fanø.

#SlowLife #TopofFanø #RadelnamStrand #Færge:Fähre

Rund 3.000 Robben leben auf einer Sandbank vor Fanø. Je ruhiger die Insel, desto größer die Wahrscheinlichkeit, dass sich einige Tiere auch mal in Nordby blicken lassen.

Das südlichste und älteste Seezeichen der dänischen Westküste ist nicht schwer zu finden und selbst ohne Auto leicht zu erreichen. Das ist gar nicht so selbstverständlich, ist die Lage des ÖPNV in Jütland doch grundsätzlich etwas kompliziert. Die Insel Fanø ist jedoch hervorragend angebunden. Man nehme einfach in Hamburg den Zug nach Norden, steige in Kolding um, in Esbjerg aus und laufe hinunter an den Hafen.

Dort pendeln die Fähren Fenja und Menja im Minutentakt von beziehungsweise zur Insel. In der Badesaison kann es zu langen Schlangen kommen. Im Winter hüpft man einfach auf das nächste Schiff. Nach bummelig zehn Minuten winken einem schon die Robben von Nordby zu. Bis zum nächsten Radverleih ist es nicht weit. Die Inselhauptstadt gibt sich nach außen zugeknöpft, entpuppt sich im Inneren aber als ein Gewirr von kleinen Gassen, in denen sich seit 1820 nicht besonders viel verändert hat.

Ganz im Gegensatz zu Fanø Bad, wohin es jetzt auf dem Rad geht. Um die Jahrhundertwende waren hier die prächtigsten Strandhotels zu finden, allen voran das König von Dänemark. Die heutigen Bauten wirken von außen betrachtet so lala. Von innen besehen kann man aber nicht meckern, schläft man

doch mitten in den Dünen mit Blick auf den gewaltigen Strand.

Bis zu 700 Meter breit zieht er sich über die gesamte Insellänge. Im Sommer staut sich nicht nur der Autoverkehr auf dem Sand, sondern sogar Busse. Im Winter radelt man recht ungestört zwischen Dünen und Meer. Nach knapp zehn Kilometern bietet sich Fanøs höchster Berg, der Pælebjerg, zur Rast an. Es handelt sich um eine Düne oberhalb eines Dünensees und die Aussicht ist gewaltig. Falls man nun Hunger verspürt, hat man hoffentlich Stockbrötchen im Gepäck, denn die können nirgends so schön übers Feuer gehalten werden wie auf dem nahegelegenen Waldspielplatz, der mit seinen fantasievollen Holzskulpturen im Winter geradezu mystisch wirkt. Nebenbei ist die kurze Wanderung

dorthin einfach traumhaft und auf dem Weg kann auch schon Holz für das Feuer gesammelt werden. Am besten eignen sich trockene Fichtenzweige. Dann aber weiter am Strand geradelt, noch fünf Kilometer bis zum Sønderho Strandvej, an seinem Ende rechts auf den

Hin & weg: Bahn bis Esbjerg St., weiter mit der Fähre. Räder verleiht der Fri Bikeshop, Mellemgade 12, Nordby.

Beste Zeit: Herbst bis Frühling.

Dauer: 2–3 Tage.

Ausrüstung: Handschuhe fürs Winterradeln, lange Zündhölzer und Stockbrötchen für den Waldspielplatz.

Wenn es Nacht wird: Wie in der goldenen Ära des Badelebens schläft und speist man in www.kellers badehotel.dk in Fanø Bad.

»Und meine Seele spannte/ Weit ihre Flügel aus,/ Flog durch die Stillen Lande,/ Als flöge sie nach Haus.« Klare Wintertage sind für Jütlandfans wie eine Mondnacht für Eichendorff.

Kåvervej, bis es nicht mehr weitergeht. Dort zieht sich ein Trampelpfad zum Æ Kåver, dem südlichsten und ältesten Seezeichen. Und da ist man nun da. An dem Punkt, wo die Entspannung beginnt. Die Freiheit. Und alles, was Dänemark so wunderbar macht.

Wem das jetzt alles etwas schnell gegangen ist, plant für die Tour zwei, besser drei Tage ein. Dann setzt die innere Ruhe schon ein, wenn man sich in den Zug setzt und denkt: ich habe alle Zeit der Welt. Und ich muss gar nichts. Bloß nach Jütland.

FAZIT: GLÜCK IST EINE INSEL. FREIHEIT EINE RADPARTIE. RUHE EIN WINTER-STRAND.

221

SONST NOCH WICHTIG

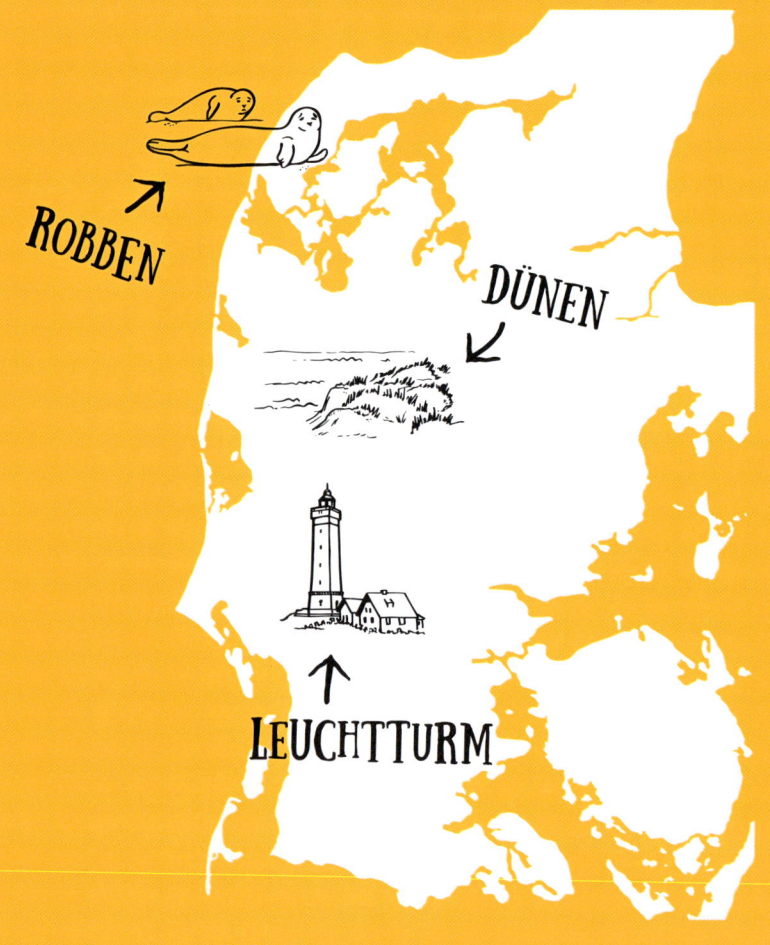

ROBBEN

DÜNEN

LEUCHTTURM

Ein- und Überblick

Karten für den schnellen Überblick, praktische Tipps, mehr über die Autorin sowie ein Ortsregister zum schnellen Nachschlagen gibt es auf den folgenden Seiten.

GPX-Download aufs Smartphone – so geht's

<u>Voraussetzung:</u>
Eine Outdoor-App muss installiert sein, z. B. KOMPASS, Outdooractive oder Komoot. Zum Einlesen des QR-Codes benötigen ältere Android-Geräte eine QR-Code-App. Bei neueren Android- und iOS-Geräten ist diese Funktion in der Kamera integriert.

<u>Daten downloaden:</u>
1. Den QR-Code einlesen oder die Webadresse im Browser eingeben, um auf die Eskapaden-Website zu gelangen.
2. Die gewünschte Tour zum Download anklicken.
3. Bei IOS-Geräten werden die GPX-Daten direkt mit der vorab installierten App verknüpft. Bei Android-Geräten muss ggf. noch ein Weiterleiten-Button geklickt werden (z. B. oben rechts im Display). Manche Apps zeigen den Tourverlauf starr an, andere haben eine Navigationsfunktion dabei.

Tourenverlauf

GPX-Daten zum
kostenlosen Download
<u>www.dumontreise.de/</u>
<u>eskapaden/suedwesten-von-</u>
<u>daenemark</u>

short.travel/mv5wb

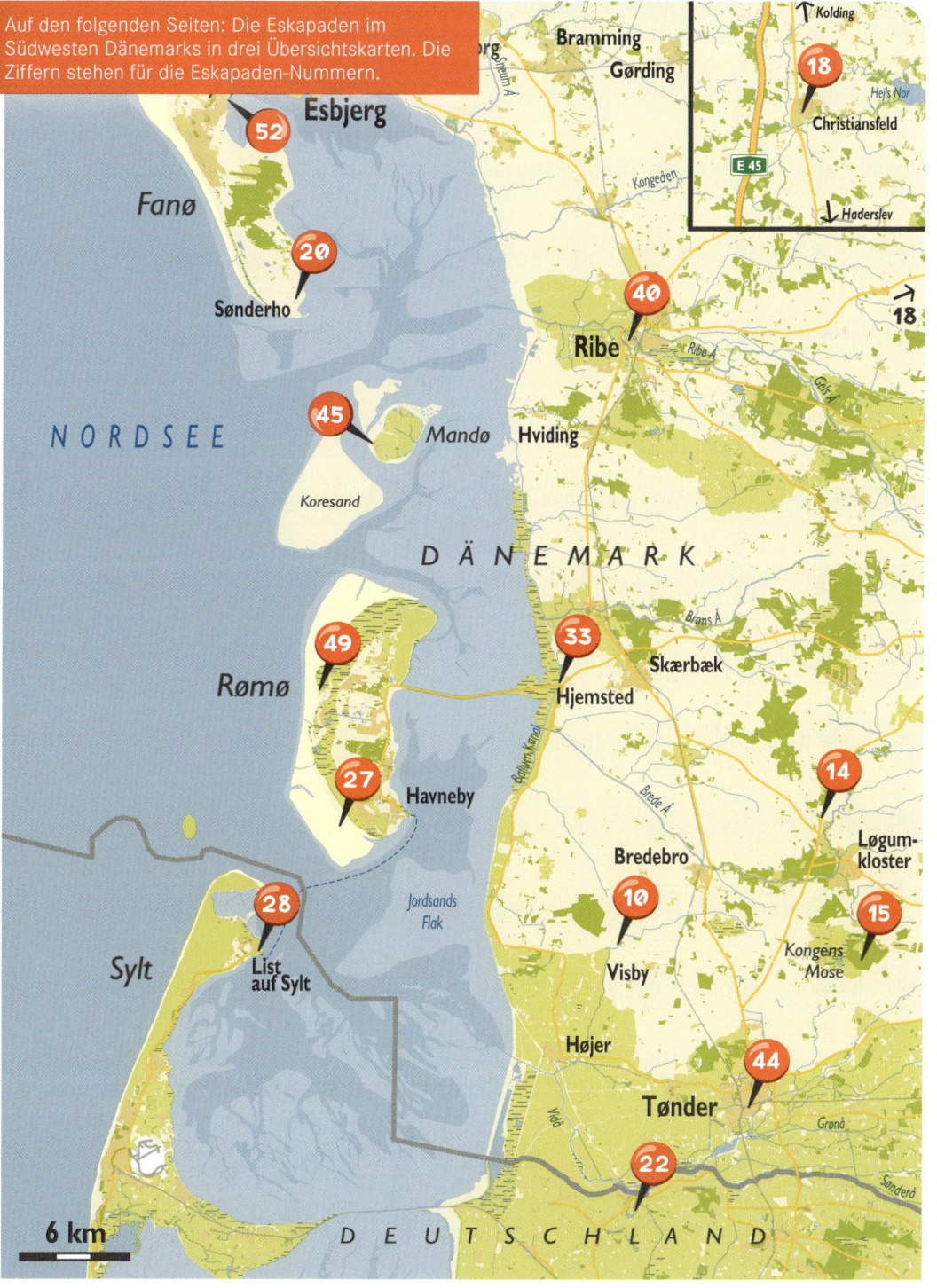

Auf den folgenden Seiten: Die Eskapaden im Südwesten Dänemarks in drei Übersichtskarten. Die Ziffern stehen für die Eskapaden-Nummern.

NOCH MEHR ESKAPADEN ...

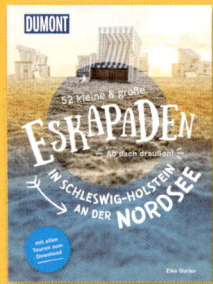
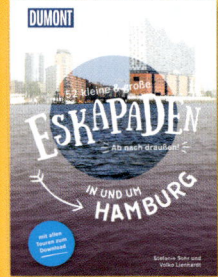
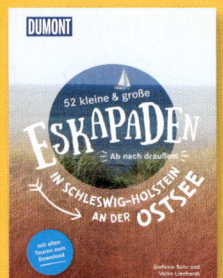

ISBN 978-3-616-11022-6   ISBN 978-3-7701-8071-4   ISBN 978-3-7701-8086-8

 ... erhalten Sie im gut sortierten Buchhandel
und unter www.dumontreise.de

IMPRESSUM

Reihenkonzept Monique Sorban

Projektmanagement Tamara Siedler

Cover-/Buchgestaltung & Illustrationen Carolin Weidemann, Köln, www.weidemann-design.com

Umschlaggestaltung, Lektorat & Produktion Verlagsbüro Wais & Partner (Meike Diekmann, Beate König, Julia Rietsch, Kai Wieland), Stuttgart, www.wais-und-partner.de

Text Stefanie Sohr, Hamburg, www.indernaehebleiben.de

Fotos Stefanie Sohr und Volko Lienhardt, Hamburg, www.volkolienhardt.de; mit folgenden Ausnahmen: S. 144 o. (Jakob Lønbæk Nygaard Christensen)

Kartografie © KOMPASS, Innsbruck, unter Verwendung von Kartendaten von © OpenStreetMap-Mitwirkende, Lizenz CC-BY-SA 2.0

Hinweis Alle Informationen wurden mit größtmöglicher Sorgfalt geprüft. Infolge der Corona-Pandemie kann es allerdings zu kurzfristigen Geschäftsschließungen und anderen Änderungen vor Ort gekommen sein.

Printed in Poland

1. Auflage 2022
© 2022 DuMont Reiseverlag, Ostfildern
ISBN 978-3-616-02802-6

www.dumontreise.de

love
Freiheit.

Geschmackssachen

Butterbrot, Butterbrot, røm pøm pøm pøm. Wen wunderts, dass der Koch der Muppetshow alles versemmelt. Er ist schließlich Schwede. Smørrebrød hingegen gehören zum dänischen Kulturgut und stehen selbst in der Spitzengastronomie auf der Karte, z. B. im Henne Mølle Å Badehotel (Eskapade #19).

Weiterlesen

Fast so schön wie selbst zu reisen sind die Reportagen aus Dänemark im Norr Magazin. Das Heft, das sich ganz der skandinavischen Natur verschrieben hat, gibt's viermal jährlich am Kiosk oder täglich unter norrmagazin.de. Vorfreude macht der Fettnäpfchenführer Dänemark von Katja Josteit.

Ohne Auto

Hand aufs Herz: nicht jedes Dünental ist an Bus und Bahn angeschlossen. Gerade in den Wintermonaten und mit schwerem Gepäck ist die Anreise mit dem eigenen PKW oft bequemer. Andererseits ist Jütland ein Radlerparadies. Gerade die Kombination mit den Öffis führt oft zu ungeahnt tollen Erlebnissen. Zur besten Verbindung verhilft rejseplanen.dk

GUT ZU WISSEN ...

Sicherheit & Notfälle

Polizei, Krankenwagen, Feuerwehr, Seenotrettung – für alle Fälle gilt die (0045) 112. Am Strand markieren grüne Schilder die genaue Lage. Also unbedingt merken und im Notfall weitergeben.

Vor Ort im Netz

Jede Menge Outdoor-Tips hält visitdenmark.de bereit. Freundlicherweise ist die Seite auf Deutsch gehalten, ebenso wie die Präsenz der südjütländischen Fremdenverkehrsämter visit sonderjylland.de

ESKAPADEN-REGISTER ...

>‹ Alle Orte mit Seitenverweisen ‹<

STEFANIE SOHR

VOLKO LIENHARDT

⋛ ... über die Autoren ⋚

Ganz ohne Zweifel ist Stefanie keine bei der Geburt vertauschte Prinzessin. Sondern eine bei der Geburt vertauschte Dänin. Nahe der Grenze aufgewachsen, wurde ihr die Liebe zum kleinsten Land Skandinaviens schon in die Wiege gelegt. Bis heute kann sie sich keinen prächtigeren Palast vorstellen, als ein Holzhäuschen, keinen besseren Thron als eine hohe Düne, kein königlicheres Vergnügen als frühmorgens *Rundstykker* beim Købmand zu holen. Darüber und über weitere nordische Gefühle bloggt die Reisebuchautorin auf <u>indernaehebleiben.de</u>

Volko liebt das klare, nordische Licht, sitzt im Kanu gerne hinten, auf Fähren immer an Deck und am Millerntor muss es ein Stehplatz sein. In jüngeren Jahren fotografierte er hauptberuflich Mode an den Sonnenplätzen von Miami bis Südafrika. Heute verschafft ihm die Fotografie einen Ausgleich zu seiner Arbeit als Kunsttherapeut für traumatisierte Menschen. Er ankert in Hamburg, mit Stefanie und den Katzen Skati & Pete, ganz in der Nähe des Stadttors, durch das man einst von der Hansestadt ins dänische Altona gelangte.

⊰ Wolkenspiele ⊱

Eskapade #37: Jütland ist das Xanadu des Kitesurfings. Am Ringkøbing Fjord liegt sein Pleasure-Dome.

⊰ Wellenritt ⊱

Eskapade #29: Das Glück liegt auf dem Rücken der Pferde, in den Satteln der Drahtesel und im Wilden Westen Jütlands, der Halbinsel Skallingen.

5 BESONDERE EMPFEHLUNGEN ...

⊰ Waldlauf mal anders ⊱

Eskapade #8: Warum sich unsere nordischen Nachbarn derart für die Sportart Orientierungslauf begeistern, erklärt eine Probestunde in der Husby Kliptplantage.

⊰ Windflüchter ⊱

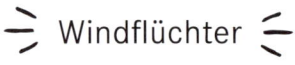

Eskapade #32: Fjordstille statt Nordseesturm erwartet die Gäste der schönsten Insel Dänemarks: Fur.

⊰ Wattweitwanderwege ⊱

Eskapade #45: Wem die 7 km lange Tour auf die Insel Mandø zu kurz scheint, kann von dort gleich auf die größte Sandbank des Wattenmeers weiterwandern.